Printed in the USA
CPSIA information can be obtained
at www.ICGtesting.com
LVHW021732281023
762414LV00037B/178

9 788119 022656

علیک سلیک

(خاکے)

مصنف:

یوسف ناظم

Alaik Salaik *(Khaake)*
by: Yusuf Nazim
Edition: April '2023
Publisher & Printer:
Taemeer Publications, Hyderabad.

ISBN 978-81-19022-65-6
9 788119 022656

کتاب	:	**علیک سلیک (خاکے)**
مصنف	:	**یوسف ناظم**
صنف	:	خاکے
ناشر	:	تعمیر پبلی کیشنز (حیدرآباد، انڈیا)
زیر اہتمام	:	تعمیر ویب ڈیولپمنٹ، حیدرآباد
سالِ اشاعت	:	۲۰۲۳ء
تعداد	:	(پرنٹ آن ڈیمانڈ)
طابع	:	تعمیر پبلی کیشنز، حیدرآباد -۲۴
صفحات	:	۱۵۰
سرورق ڈیزائن	:	تعمیر ویب ڈیزائن

علیک سلیک

(خاکوں کا مجموعہ)

فہرست

بازدید

دید

انتساب

خواجہ حمید الدین شاہدؔ

کی

یاد میں

دوستی کی ابتداء بمقام حیدرآباد

ادارہ ادبیات اردو اور

جامعہ عثمانیہ

۱۹۴۰ء عیسوی

تا

اختتام بیسوی صدی

(بے پایاں محبت اور بیکراں خلوص کا دوسرا نام)

جشن طلائی

پروفیسر خواجہ حمید الدین شاہد

مدیر اعلیٰ ماہنامہ ''سب رس'' کراچی/معتمد ایوان اردو/کی علمی، ادبی، تہذیبی اور ثقافتی خدمات کو خراج تحسین پیش کیا جائے گا۔

۲۸ رمئی ۱۹۸۸ء بروز ہفتہ ٹھیک ۵ بجے شام

صدارت: ڈاکٹر جمیل جالبی (صدر نشین مقتدرہ قومی زبان)

مہمان خصوصی: ڈاکٹر رشید موسوی

شخصیت اور خدمات پر
اہل علم و دانش کی تقاریر، تاثرات، پیغامات اور اداروں کی طرف سے گل پوشی

جلسہ گاہ: آڈیٹوریم سلیم اللہ فہمی ہیلتھ ایجوکیشن سینٹر
بی ۱۴/، بلاک ۱۲، گلبرگ،
فیڈرل بی ایریا (آخری بس اسٹاپ 5C)

عشائیہ 8.30 بجے شب
ڈاکٹر بقائی میڈیکل فاؤنڈیشن کی طرف سے)

مشاعرہ 9.30 بجے شب

صدارت: حضرت رئیس امروہوی

مہمان خصوصی: جناب اظہر حسن صدیقی (نائب صدر ایوان اردو)

بہ تعاون: آل پاکستان ایجوکیشن کانفرنس، بہادر یار جنگ اکیڈمی، پاک کریسنٹ یوتھ آرگنائزیشن، ایوان اردو، یونی کیر-حیر، ادبی آنگن،
بزم ہمایوں
اقبال احمد صدیقی، اشتیاق طالب

شرکت کے متمنی: رفیع الدین
(معتمد ولی اکیڈمی)

نسخۂ حمیدیہ

خواجہ حمید الدین شاہد نے جب حیدرآباد دکن سے ہجرت کی تھی ان کے ذہن میں یہ خیال رہا ہوگا کہ حیدرآباد ان سے چھوٹ گیا۔ ان کی یہ غلط فہمی دور ہوگئی۔

وہ جامعہ عثمانیہ کی عمارت تو کراچی میں تعمیر نہیں کر سکے لیکن ادارہ ادبیات اردو کا 'ایوان اردو' انہوں نے اپنی رہائش اور بود و باش کیلئے تعمیر کرلیا اور اس نئی نویلی عمارت میں تازہ روح بھی پھونک دی۔ خواجہ حضرات کی پھونک تو یوں بھی مشہور ہی ہے اس پھونک کا نتیجہ یہ نکلا کہ اس ایوان اردو سے 'سب رس' حیدرآباد 'سب رس' کراچی بن کر ماہ بماہ برآمد ہونے لگا۔ یہ کارنامہ، ان کی حیدرآباد سے غیر معمولی ۔ بھی زیادہ غیر معمولی محبت بلکہ عشق کا ثبوت تھا۔ کراچی پہنچ کر حیدرآباد کے جن متروک ومجبور، لوگوں نے اپنے وطن اور اپنی مادر علمی کا نام وہاں روشن رکھا ان میں خواجہ حمید الدین شاہد کا نام سرفہرست ہے، انکا تو وہاں جشن طلائی تک منایا گیا (حوالے کیلئے ملاحظہ ہو مطبوعہ دعوت نامہ)

خواجہ حمید الدین شاہد سے میری شناسائی، آشنائی اور دوستی کا معاملہ ایسا محسوس ہوتا ہے

ایک عہد کا معاملہ ہے اور اس کا تعلق بھی رودِ موسیٰ کی طغیانی سے ہے۔اس بیان میں مبالغہ اس لئے نہیں ہے کہ اس معاملے کو وقوع پذیر ہوئے ایک صدی تو ہو ہی گئی۔ پوری صدی نہ سہی یہی بہتر نصف تو ہو ہی گئی، میں اورنگ آباد کالج کے انٹرمڈیٹ کے امتحان سے فارغ ہو کر جب کلیۂ جامعہ عثمانیہ میں داخل ہوا تو اس وقت یونیورسٹی میں خواجہ حمید الدین کا دور دور تک پتہ نہیں تھا کیونکہ وہ بی اے سے فارغ ہو کر تعلیم کا سلسلہ منقطع کر چکے تھے لیکن ادارہ ادبیات اردو اور ادارے کے سربراہ ڈاکٹر محی الدین قادری زور سے ان کا ربط ضبط جاری و ساری تھا۔ یہ ہماری شناسائی کا آغاز تھا۔ جب ۱۹۴۲ء میں میں بی اے کے امتحان سے فارغ ہو کر ایم اے کا طالب علم بنا اور خواجہ حمید الدین کو جونہی اس کی سن گن ملی وہ بھی ایم اے کے طالب علم بن گئے۔ یہ دوشیزہ تعلیم سے ان کا عقد ثانی تھا۔ ایم اے کی جماعت میں ۱۹۴۲ء تا ۱۹۴۴ء ہم صرف ۳ طالب علم تھے تیسرے محمد علی نیّر تھے، ان تینوں میں سے ایک 'سب رس' کے مدیر تھے دوسرے مجلۂ عثمانیہ کے مدیر، صرف میں خالی تھا (خالی کی ترکیب ان دنوں خاصے معیوب معنوں میں مستعمل تھی میں نے اسے حالی کا قافیہ سمجھ کر اپنے لئے استعمال کیا) ایم اے کی طالب علمی کا زمانہ خواجہ حمید الدین شاہد سے میری دوستی کے عروج کا زمانہ تھا۔ میں تو ان کا قائل تھا ہی لیکن مرحوم خوامخواہ میرے قائل تھے، اور اس شق میں غلو کے عادی ان کے علمی ادبی مشاغل ہمیشہ رودِ موسیٰ کی طغیانی کی طرح سیلاب انگیز رہے، یہ مثال صرف اس لئے غلط ہے کہ طغیانی تو رفع دفع ہو گئی تھی۔ ان کی سرگرمیوں پر سردیوں کا موسم کبھی نہیں آیا۔

یہ ایوان اردو خاصا بڑا تھا۔ لیکن ان کا ذخیرۂ کتب اور خزانہ مکتوبات کا مجموعہ اتنا ضخیم تھا کہ ایوان تنگیِ داماں کا شاکی ہو کر رہ گیا تھا۔ جب مزاح نگاروں کا ایک قافلہ ان کی دعوت پر پاک ہند مزاحیہ کانفرنس میں یہاں سے کراچی گیا تو گو کہ مہمانوں کو اسی ایوان میں پناہ ملی تھی لیکن اس وقت حمید الدین شاہد دو او نچے پورے کتوں کے بھی مالک و مختار تھے۔ ان کتوں کا کس نسل سے تعلق تھا، اس کے بارے دونوں ملکوں کے مزاح نگاروں کے درمیان اختلاف رائے کی خلیج حائل رہی۔ جس کی وجہ سے دونوں کتے جلد ہی وفات پا گئے۔ یہ سانحہ بعد کا ہے لیکن شہرت اس کی بہت ہوئی۔ اپنے کتب خانے کی وجہ سے خواجہ حمید الدین شاہد ہمیشہ پریشان رہے کہ اس کا محافظ اور وارث کون ہو (ان کی پریشانی دور کرنے میں کراچی ہی کے لیکن معزز اور معتبر خواجہ یعنی مشفق خواجہ نے بڑی زندہ دلی اور دلیری سے کام لیا اور مرحوم کو اچھی خاصی، فراغت حاصل ہوئی۔ کتب خانے کی فروخت

کے معاملے سے بھی مرحوم کی ہردلعزیزی پایہ ثبوت کو پہنچتی ہے۔ خواجہ حمید الدین شاہد نے ایک مہاجر اور غریب الدیار ہوتے ہوئے بھی کراچی میں ادبی ،ثقافتی اور سماجی حیثیت سے مذہبی باوقار اور ایک لحاظ سے نیم شاہانہ زندگی گزاری، (مزاج فقیرانہ ودرویشانہ رہا) انہیں خط وکتابت کا بھی شوق تھا اور میں نے ان کے خط اپنے پاس محفوظ بھی رکھے تھے۔ انکی روشنائی مدھم ہو چکی تھی لیکن ان سے گلاب اور چنبیلی کے پھولوں کی مہک آتی تھی۔ یہ مکتوب نگار کے دل آویز حسن تحریر کی خوشبو تھی۔ خواجہ حمید الدین بے پایاں محبت اور بیکراں خلوص کے چلتا پھرتا ادارہ تھے۔ میں نے انہیں وفور محبت سے لرزہ بہ اندام بھی پایا ہے۔ زبان شیریں الفاظ سے تر اور آنکھیں نم رہتی تھیں۔ یہ ان کے خلوص کا دو آتشہ نسخہ تھا۔ خمیرہ مروارید اور شربت روح افزا کے خوش رنگ آمیزہ۔

زندگی میں انہوں نے کئی صدمے سہے، خاص طور پر اپنی رفیقہ حیات کی دائمی مفارقت کا صدمہ تو جانکاہ تھا۔ ان کے برادر نسبتی جن کے وہ والہ وشیدا تھے انہیں کی زندگی میں رخصت ہو گئے۔ رفیقہ حیات کراچی کی مشہور ڈاکٹر تھیں اور ان کا دواخانہ انہیں کے نام سے منسوب ومعروف تھا۔ مرحومہ کی وفات کے بعد بھی مقبول رہا۔

خواجہ حمید الدین شاہد نے حیدرآباد کے دوران دو اہم کتابیں بھی مرتب اور شائع کی تھیں۔ حیدرآباد کے نثر نگار اور شاعر، یہ واقعہ بھی ہوگا، کوئی چوتھی یا پانچویں دہائی کا، دونوں کتابیں، صحیح معنوں میں ہاتھوں ہاتھ فروخت ہوئیں، مرحوم تو چاہتے تھے کہ میرا نام حیدرآباد کے شاعروں میں شامل رہے، دو چار مرتبہ فرمائش کی ایک مرتبہ فہمائش کی لیکن میں اپنی شاعری کی نقول ان تک نہیں پہنچا سکا۔ (قناعت بھی کوئی چیز ہوتی ہے) کراچی میں ان کے ساتھ محبتیں ہی محبتیں رہیں۔ دعوتوں کا ذائقہ اتنے سال گزر جانے کے باوجود آج بھی زبان پر ہے (یہ اردو زبان کی دین ہے) بعد میں وہ حیدرآباد بھی آئے۔ لیکن میں ممبئی سے حیدرآباد نہیں جا سکا۔ واپس جا کر انہوں نے خط لکھا تو اس میں بھی لکھا کہ حیدرآباد کے قیام کے دنوں میں عابد علی خان نے انہیں ایک شیروانی سلوا کر پہنائی تھی۔ (عابد علی خاں خود مصلحتیں جانتے تھے ورنہ عام طور پر تحفوں میں صرف کپڑا دے دیا جاتا ہے) خواجہ حمید الدین کے خط سے ظاہر ہوتا تھا کہ جب بھی انہوں نے یہ شیروانی پہنی بے حد مسرور وشادماں رہے (یہاں یہ بات قابل ذکر ہے کہ جب میں نے شیروانی کی یہ بات سنی میں نے عابد علی خاں سے کہا ہجرت میں نے بھی کی ہے اور اس حیدرآبادی تہذیب کے مطابق مجھے

بھی میری فرمائش کے مطابق جواب میں خان صاحب موصوف کو شیروانی کا کپڑا دینا پڑا۔ اور تحفہ دیتے وقت انہوں نے باضابطہ کھڑے ہو کر یہ رسم اس طرح انجام دی جس طرح سرکاری ایوارڈ دیے جاتے ہیں۔ شیروانی کی سلائی نہیں دی)

اس انتساب میں خواجہ حمید الدین شاہد کے ساتھ عابد علی خان بھی شریک ہیں لیکن اس طرح کہ ان کا قرض مجھ پر باقی ہے۔

یوسف ناظم

۱۹/الہلا، باندرہ ریکلیمیشن، ممبئی ۴۰۰۰۵۰

پس نوشت: اس کتاب کی اشاعت میں میرے دوست ہفت بیباک مالیگاؤں کے مدیر جناب ''ہارون بی اے'' کا عمل دخل بھی کافی رہا ہمارے باہمی تعلقات اس لئے خوشگوار رہے کہ ہم دونوں ایک دوسرے سے دور رہتے ہیں (لیکن دور دور نہیں) ان کا شکریہ۔

یوسف ناظم

خوشبوؤں میں بسی کچھ یادیں
مالک رام سے منسوب

ان کی زندگی میں کئی مرتبہ جی چاہا کہ ان کے بارے میں کچھ لکھوں لیکن شاید ان کا رعب تھا جو مجھ پر طاری رہا اور مجھے خوف زدہ کرتا رہا کہ کہیں میرا غیر تربیت یافتہ اشہبِ قلم (جسے اسپ خامہ بھی کہا جاتا ہے) احترام کی وہ دیوار نہ پھاند جائے جو ان کی محبت اور بے تکلفانہ رویے کے باوصف درمیان میں موجود تھی۔ یہ دیوار میں نے خود اٹھائی تھی اپنے سائے کیلئے وہ میرے محترم تھے۔ اس لئے نہیں کہ وہ سب کے محترم تھے بلکہ اس لئے کہ جانے کیوں مجھے یقین سا ہو گیا تھا کہ میں انہیں ناپسند نہیں ہوں۔ میں مالک رام صاحب کا ذکر کر رہا ہوں۔ مالک رام صاحب جس قبیل کے لوگوں میں شامل تھے ان میں کچھ تو خداداد وصف ہوتا ہے اور کچھ ان کا رکھ رکھاؤ ہوتا ہے۔ کہ وہ پہلی ہی ملاقات میں اپنے ملنے والوں کے دل میں جاگزیں ہو جاتے ہیں۔ دل تک پہنچنے کے لیے وہ کس روٹ کا انتخاب کرتے

ہیں پتہ ہی نہیں چلتا۔ چپکے سے دل کے اندر داخل ہو جانا اس قبیل کے لوگوں کا وتیرہ تھا اور مالک رام اسی وتیرے کے مالک تھے گفتگو شروع کرنے سے پہلے ہی "اپنائیت" کے حصار میں مخاطب کو رام کر لینا ان کے نزدیک کوئی بات ہی نہیں تھی اور اس کے بعد گفتگو سے تو اپنائیت کا یہ حصار اتنا محدود اور مختصر ہو جاتا تھا کہ پہلی ہی ملاقات میں مالک رام "ہمدم دیرینہ" معلوم ہونے لگتے تھے۔ فاصلہ ان کے پاس شاید تھا ہی نہیں صرف قربت ہی قربت تھی اور ایسی قربت جو قرابت سے بھی زیادہ مستحکم اور مضبوط ہو۔ یہ میرا احساس یا اندازہ نہیں ایقان تھا۔ انھوں نے آسمان سے علم کی فضیلت اور زمین سے کششِ ثقل، حاصل کی تھی۔

میری ان سے پہلی ملاقات انھیں کے مکان پر ہوئی۔ ڈیفنس کالونی دلی میں۔ سنہ ہوگا ۱۹۷۰ء کے اردگرد۔ ان دنوں میں کوئی ۴ ماہ کے لیے دلّی میں مقیم تھا۔ صفدر جنگ انکلیو کے ایک سرکاری ہوسٹل میں اور ہر تیسرے چوتھے دن ناخواندہ مہمان کی طرح محترم علی جواد زیدی کے گھر پہنچ جاتا تھا (وہ ان دنوں چانکیہ پور میں رہا کرتے تھے) علی جواد زیدی مزاجاً بردبار قسم کے آدمی واقع ہوئے ہیں۔ ناخواندہ مہمانوں سے انھیں خاصی دلچسپی ہے اور انھیں کے سلوک سے مجھے معلوم ہوا کہ ناخواندگی بھی ایک طرح کی نعمت ہوتی ہے۔ انھوں نے مجھے دلّی کے ادبی حلقوں میں متعارف کرادیا اور مالک رام صاحب کے گھر پر تو اس وقت لے گئے جب شرفا دوپہر کا کھانا کھاتے ہیں شاید انھوں نے پہلے ہی سے ملاقات کا وقت طے کر رکھا ہو کھانے کی میز پر جہاں تک مجھے یاد ہے مالک رام صاحب کی رفیقۂ حیات کے علاوہ ان کی بیٹی بشریٰ بھی موجود تھیں اور میں کہ (تقریباً) غریب الوطن تھا ایسا محصور اور اتنا مسحور ہوا کہ میری ساری ہوم سکنیس تادم قیام رفع ہوگئی۔ میں تو خیر صرف ہم طعامی کے فرض منصبی سے خوش اسلوبی کے ساتھ عہدہ برآ ہو رہا تھا لیکن صاحب خانہ اور اصل مہمان ہم کلام تھے اور ان دونوں کی گفتگو کی روشنی میں میں نے محسوس کیا کہ اسلامیات کے تعلق سے کتنے اندھیرے میں ہوں مالک رام صاحب کو "اسلامیات" سے حد درجہ شغف تھا۔ مجھے کوئی حق نہیں پہنچتا کہ میں ان کی ہمہ جہتی شخصیت کے اس پہلو کے بارے میں دو لفظ بھی کہوں۔ (ایاز قدر خود بشناس۔ ایاز بھی کیا آدمی تھا ایسے موقعوں پر کتنا کام آتا ہے) جس زمانے میں میں مالک رام صاحب سے ملا میرا حافظہ اتنا ناقص نہیں تھا جتنا اب ہے اور اس

وقت مجھے یاد تھا کہ ان کی تصنیف "عورت اور اسلامی تعلیم" کی بڑی دھوم تھی۔ میں نے شاید وقفۂ آب خوری میں دبی زبان سے اس کا ذکر کردیا۔ صاحب خانہ نے پہلے میری طرف تعجب سے دیکھا اور پھر فرمایا ارے آپ نے یہ ڈش تو لی ہی نہیں۔ ممکن ہے میں نے اپنے بارے میں جو عرض کیا اسے آپ زیب داستان سمجھیں لیکن یہ سچ ہے کہ مرحوم سے پہلی ملاقات کا نقش میرے دل پر ہے۔ میں اسے نقش کالحجر اس لیے نہیں کہہ سکتا کہ میں سنگ دل نہیں ہوں، پھر مرحوم سے کئی ملاقاتیں ہوئیں۔ غالب انسٹی ٹیوٹ، دلی اردو اکادمی انجمن ترقی اردو اور ایک مرتبہ حضرت امیر خسرو سے متعلق کسی سیمنار میں۔ خود ان کے اعزاز کی ایک تقریب میں جو غالبًا جشن الماس کی تقریب تھی اور جناب حسن نظامی ثانی نے ان کا ایک نہایت ہی پر اثر اور دلکش خاکہ اسی دن لکھ کر پڑھا تھا۔ اس خاکے میں کیا نہیں تھا۔ مزاج کی چاشنی، عقیدت کی خوشبو اور حقیقت کی روشنی بھی کچھ تھا۔ یہ خاکہ سن کر مرحوم مالک کی آنکھیں بھیگ گئی تھیں اور ہر کسی نے آگے بڑھ کر فاضل خاکہ نگار کو مبارک باد دی تھی (میں نے تو ان سے وہ قلم مانگا تھا جس سے انھوں نے یہ خاکہ لکھا تھا) قدردانی اور دوستداری کا یہ بے ریا منظر مجھے ہمیشہ یاد رہے گا۔ ایسی تقریبات میں تو ممدوح خواہ کسی مٹی کا بنا ہو اس کا دل بھر آتا ہے اور اس تقریب کے ممدوح تو سرتاپا انکسار، مجسم نیاز، حضرت مالک رام، وہ بڑی مشکل سے خود پر قابو پاسکے۔ ان کے گرد میمنہ اور میسرہ کے محاذ پر جو احباب تھے انھوں نے اس بات کا خیال رکھا کہ قلب پر حملہ نہ ہو۔

مالک رام کی تصنیفات اور تالیفات بے شمار ہیں ماہر غالبیات کی حیثیت سے انھوں نے کتنوں کو مغلوب کیا ہے اور کتنے ان کے علم وفضل کے قتیل ہیں۔ سب جانتے ہیں لیکن میں شخصی طور پر ان کی اس تالیف کا قائل ہوں جسے تالیف قلوب کہا جاتا ہے۔ یہ ان کا خاص میدان تھا۔ اس تالیف میں ان کے علم کی روشنی تھی اور ان کے حلم کی مہک تھی۔ علم اور حلم کا ایسا حسین امتزاج کم سے کم میں نے کسی دوسری شخصیت میں نہیں دیکھا۔ پرانے لوگ ایسی ہی صحبتوں کے لیے سرگرداں رہا کرتے تھے اور فخر سے کہا کرتے تھے۔ میاں ہم نے کیسے کیسے جیدسخن وروں اور اساتذہ کی آنکھیں دیکھی ہیں۔ مالک رام کی صحبت جسے بھی ملی ہے وہ بجا طور پر خوش نصیب ہونے کا اعلان کرسکتا ہے۔ ان کا اصلی میدان "تحقیق" تھا

جس میں اصلاح کا کاروبار نہیں ہوتا ہے اگر مالک رام شاعر ہوتے تو ان کے بالمشافہ اور غائبانہ شاگردوں کی شاید الگ سے مردم شماری کروانی پڑتی۔ بہر حال محققین کے قبیلے میں ادب واحترام کا جو بھی طریقہ ہے ہندوستان کے اور پاکستان کے سارے محقق کو میں نے ان کا مقتدی پایا۔ ان کی تدقیق اور ژرف نگاہی کے بھی قائل تھے۔ مجھے اپنے قلیل المطالعہ ہونے اعتراف ہے (اس کے علاوہ کوئی دوسری صورت ہے بھی نہیں) اور تحقیق، جیسے موضوع سے تو میرا رابطہ اس حد تک ہے کہ میں لفظ تحقیق کے ہجے جانتا ہوں لیکن جن صاحبانِ تحقیق سے مجھے سلام دعا کا شرف حاصل ہے انھیں میں نے مالک رام کا نام کا ادب سے لیتے دیکھا ہے۔ میں صرف چند ملاقاتوں کو ''میر سے صحبت رہنے'' کا نام نہیں دے سکتا کیونکہ میں نے صرف پرچھائیاں دیکھی ہیں لیکن اوس کی وہ دو ایک بوندیں بھی جو مجھے ملیں ہیں مجھ جیسے قانع شخص کو سیراب کرنے کے لیے کافی ہیں۔ میں نے کہیں پڑھا تھا (پڑھنے کے لیے تو مطالعہ ضروری ہے اس لیے پڑھا نہیں سنا ہوگا) کہ سمندر میں کشتی رانی (بوٹنگ) یقیناً ایک ولولہ انگیز عمل ہوگا لیکن ساحل سمندر پر بیٹھ کر سمندر کا نظارہ کرنا بھی ایک مسرت انگیز عمل ہے۔ میں اس فلسفے پر ایمان لے آیا۔ اپنے اس خسارے کو میں یوں بھی عمرے کا نام تو دے ہی سکتا ہوں حج نہ سہی۔

مالک رام صاحب کو میں نے ایک موقعہ پر دل گرفتہ اور رنجیدہ بھی دیکھا۔ اسے بھی کئی سال ہوگئے۔ دلی کے کسی رسالے میں ان کے بارے میں ایک تضحیک آمیز مضمون شائع ہوگیا تھا۔ اس کا ان کے دل پر بہت اثر تھا۔ میں شاید انھی دنوں ان سے کسی محفل میں ملا تھا۔ وہ بجھے بجھے سے تھے۔ میرا خیال ہے انھیں علم ہوگا کہ کون ہے جو پردے سے لگا بیٹھا ہے اور سامنے آنے سے گریز کررہا ہے لیکن انھوں نے مجھے یقین ہے اپنے قریب سے قریب ترین دوست کو بھی اس صاحبِ کردار شخص کا نام نہیں بتایا ہوگا۔ ہوسکتا ہے انھیں صرف شبہ ہو اور چونکہ وہ مالک رام تھے اس لیے بدگمانی کے گناہ سے اپنا دامن آلودہ کرنا انھیں گوارانہ ہوا ہوگا۔ یہ بات یوں بھی چند دنوں میں خاک تلے دب گئی۔

۱۹۸۴ء یا ۸۵ء میں جب وہ شدید بیمار ہوئے تو ان کے پرستاروں اور عقیدت مندوں میں تشویش کی لہر دوڑ گئی۔ پتہ نہیں کون کون کہاں کہاں سے ان کی عیادت کے لیے

ان کے گھر پہنچا۔ مشفق خواجہ کی حد تک میں جانتا ہوں کہ وہ کراچی سے ان کے مزاج پرسی کے لیے ہندوستان آئے۔ خود مالک رام صاحب کو جناب مشفق خواجہ سے گہرا لگاؤ تھا۔ مجھے نہیں معلوم تھا کہ تعشق کے لیے متعلقین کی ملاقات کوئی لازمی شرط نہیں ہے۔ حضرت مالک رام اور جناب مشفق خواجہ اسی قسم کے افلاطونی عشق کی ڈور میں بندھے ہوئے تھے۔ یہ کوئی ۴۰ سالہ عشق تھا اور اسی تعشق نے مشفق خواجہ کو ہندوستان کے سفر کے لیے ہری جھنڈی دکھائی اور میں نے دو بڑے محققین کو بغل گیر ہوتے دیکھا اس یادگار ملاقات سے پہلے میں نے مخدوم محی الدین اور فیض احمد فیض کو بمبئی میں سرسنگار سمسد کے ایک مشاعرے میں بغل گیر ہوتے دیکھا تھا۔ وہ دونوں بھی پہلی بار ملے تھے جذبہ ایک تھا لیکن وہ اتفاقی ملاقات تھی۔ فیض خاص طور پر مخدوم سے ملنے نہیں آئے تھے۔ ''مالک و مشفق، کی ملاقات کو تو کچھ دوسرا ہی عنوان دینا چاہیے۔ اردو کے کئی شعر مجھے یاد ہیں لیکن کوئی ایسا شعر یاد نہیں ہے جو اخلاص اور مروت کے صرف محسوس کیے جانے والے جذبے کو الفاظ کا پیرہن دے سکے۔ میں اس یادگار ملاقات کا چشم دید گواہ ہوں۔ دونوں دم بخود تھے۔ خموشی گفتگو تھی اور بے زبانی زبان۔ غالب کا یہ شعر شاید کسی حد تک ترجمانی کر سکے۔

نہ کہہ کسی سے کہ غالب نہیں زمانے میں
حریف رازِ محبت مگر در و دیوار

دونوں کو شاید علم تھا کہ یہی پہلی اور آخری ملاقات ہے۔ بہر حال وہ ''پرسش'' تھی پائے سخن درمیان میں نہیں تھا۔

مالک رام صاحب سے اپنی دو ملاقاتوں کا ذکر اور کروں گا کہ ہوس سیر و تماشا بہت ہے مجھ کو۔ مجتبیٰ اور شاہد علی خاں ساتھ تھے۔ مجھے معلوم ہے کہ شاہد علی خاں سے مل کر مالک رام کھل اٹھتے تھے۔ معلوم نہیں شاہد علی خاں میں انھوں نے کون سی محبوبیت دیکھی تھی۔ شاہد نام ہونا تو کافی نہیں ہوسکتا۔ بہر حال اس معاملے میں انھوں نے کس قسم کی تحقیق کی کچھ کہا نہیں جاسکتا وہ اپنے سکریٹری کو املا کروا رہے تھے ہمیں بلا کر اسے کچھ دیر کے لیے آزاد کیا اور باری باری سے ہمیں نوازتے رہے۔ کافی کمزور ہوگئے تھے لیکن لکھنا پڑھنا ترک نہیں کیا تھا۔ بلکہ تیز ترک گامزن کے عالمانہ فلسفے اور سپاہیانہ فارمولے پر عمل پیرا تھے۔

آخری ملاقات پچکولہ ہریانہ میں ہوئی نومبر ۱۹۹۱ء میں۔ ہریانہ اردو اکادمی نے ان کی خدمت میں ان کی طویل ادبی خدمات کے اعتراف میں حالی ایوارڈ پیش کیا تھا۔ (جو خود اکادمی کے وقار میں اضافے کا باعث تھا) بڑی شان دار تقریب تھی۔ ہریانہ کے گورنر دھنک لال منڈل نے انعامات تقسیم کیے اور مالک رام کو ان کے منصب کے مطابق عزت دی۔ (میں وہاں کیوں حاضر تھا۔نہیں بتاؤں گا خودستائی ہوتی ہے) میں گورنر ہاؤس کے پنڈال میں جب ان سے ملا تو کئی لوگ اس ملاقات اور گفت وشنید میں حارج ہوئے لیکن میں نے محسوس کرلیا کہ مالک رام مجھے وہاں پاکر بہر حال مسرور ہوئے۔ (متعجب تو ہوئے ہی تھے صابر دت کو دیکھ کر زیادہ متعجب ہوئے)

وہ شجر سایہ دار تو تھے لیکن ایسا شجر جس پر پھول ہی پھول کھلے ہوئے تھے۔ محبت اور یگانگت کے پھول۔ خوشبوؤں میں نہائے ہوئے۔ وہ خوشبو جو مشامِ جاں کو معطر کردے۔ اور عطر کا نام تھا عطرِ مالک۔ شامتہ العنبر سے زیادہ دیر خوشبو کا عطر۔

کراچی سے مشفق خواجہ نے جو بات لکھی وہ میرے اس مضمون پر حاوی ہے ''مالک رام کی وفات میرے لیے بڑا ذاتی سانحہ ہے آپ کو معلوم ہے کہ وہ مجھ پر کس قدر مہربان تھے اور یہ بھی جانتے ہیں کہ میرے دل میں ان کی کیا جگہ تھی اور پھر آپ میری اور ان کی آخری ملاقات کے عینی شاہد بھی ہیں کچھ نہ پوچھیے کہ مالک رام صاحب کی وفات کی خبر نے مجھے کتنا آزردہ کیا یہاں انجمن ترقی اردو کی طرف سے ایک بہت بڑا تعزیتی جلسہ کیا گیا۔ پاکستان کی تاریخ میں یہ پہلا جلسہ تھا جو کسی ہندوستانی اور وہ بھی غیر مسلم ادیب کے لیے منعقد ہوا۔ اب ''قومی زبان'' (انجمن کا رسالہ) کے مالک رام نمبر کی ترتیب کا کام جاری ہے......

ایک مضمون آپ بھی لکھ دیجیے''......اس مضمون کے خالق مشفق خواجہ ہی ہیں۔

جشنِ وجد سے یادِ وجد تک

زندگی اور اس عالم فانی کے بارے میں کتنے ہی شعر کہے گئے ہیں اور ان میں سے کئی شعر آپ کو بھی یاد ہوں گے۔ لیکن حالی کے وہ تین سیدھے سادے شعر شاید آپ کے ذہن سے اتر گئے ہیں۔ کیا خوب کہا ہے۔

ریت کی سی دیوار ہے دنیا — اوچھے کا سا پیار ہے دنیا
بجلی کی سی چمک ہے اس کی — پل دو پل کی جھلک ہے اس کی
ساتھ سوہاگ اور سوگ ہے یاں کا — ناؤ کا سا سنجوگ ہے یاں کا

یہ ہمیشہ کی سی کیفیت ہے۔ جشن وجد کو ہوئے دن ہی کتنے ہوئے تھے کہ یادِ وجد کی گھڑی آگئی۔ ۱۱ر دسمبر ۸۲ء سے ۱۶ر مئی ۸۳ء تک جملہ پانچ مہینے وجد صاحب نے بیماری کے اتنے دکھ جھیلے اور غم سہے تھے کہ اس جشن کی مسرت سے وہ زیادہ لطف اندوز نہیں

ہو سکے۔ مجھے تو آج بھی ایسا محسوس ہوتا ہے کہ جیسے یہ جشن کل ہی منعقد ہوا ہو۔ مولانا آزاد کالج اورنگ آباد کے زیر اہتمام یہ جشن دو دن منایا گیا۔ زیر اہتمام کے الفاظ بہت عام اور معمولی قسم کے الفاظ ہیں لیکن یہ جشن واقعیٗ اہتمام سے منایا گیا تھا خود وجد صاحب نے جو کئی دن سے مسلسل بیمار تھے اس موقع پر اپنی صحت کا اہتمام کیا تھا۔ تندرست و توانا نظر آ رہے تھے۔ خوش بھی تھے۔ اس لیے نہیں کہ ان کا جشن ہو رہا تھا بلکہ اس لیے کہ اس میں شان و شوکت اور طمطراق سے زیادہ اس محبت اور خلوص کا اہتمام تھا جو اب ناپید ہوتی جا رہی ہے۔ میں نے بھی اپنی استطاعت کے مطابق بڑے عالی شان بلکہ مہتم بالشان جشن دیکھے ہیں اور اکبرؔ الٰہ آبادی کی نظم جلوہ دربار دہلی پڑھ کر محظوظ اور مرعوب بھی ہوا ہوں۔ لیکن جشن وجد میں جو اپنائیت اور یگانگت دیکھی وہ نہ پہلے کبھی دیکھی تھی اور نہ آیندہ اس کا خطرہ ہے۔ اس جشن کو صرف اردو داں خواتین و حضرات ہی نہیں۔ مراٹھی داں حضرات نے بھی اپنا جشن سمجھا اور اسی جشن سے اندازہ ہوا کہ دکن میں کھرے سکوں کا چلن اب بھی ہے اور کچھ کچھ یہ بھی محسوس ہوا کہ سنتوں اور ولیوں کے اس علاقے میں اشلوک اور آیتوں میں کوئی تصادم نہیں ہے۔ اس جشن سے ایک تیسری بات یہ بھی معلوم ہوئی اورنگ آباد صرف ولی اور سراج ہی کا شہر نہیں ہے۔ ایک اور شاعر کا بھی شہر ہے جن کا نام سکندر علی وجد ہے۔ اس جشن کی کچھ جھلکیاں آپ بھی دیکھیے۔

شہر اورنگ آباد سے کچھ فاصلے پر یعنی شہر کے پولیوشن سے کچھ ہٹ کر آزاد کالج قائم ہے۔ اس کالج کی عمر زیادہ نہیں ہے۔ اور اسی لحاظ سے کالج کے پرنسپل مظہر محی الدین کی عمر بھی زیادہ نہیں ہے۔ اس کمسن کالج میں ایک معمر شاعر کے جشن سے اس بات کا بھی ثبوت مل گیا کہ ہم چاہیں تو جنریشن گیپ کا حل تلاش کر سکتے ہیں۔

۱۱ر دسمبر کی سہ پہر میں کالج کے کیمپس میں روشنیوں کی بہار کالج کے روشن مستقبل کی نشان دہی کر رہی تھی۔ پتھر کی عمارتوں کو بھی دلہن بنایا جا سکتا ہے۔ بس اس کا ہنر آنا چاہیے۔ راستے میں ایک گھر پر جشن وجد کا بینر دیکھ کر لوگ یہ سمجھے کہ شاید جلسہ گاہ یہی ہے۔ لیکن یہ صرف دیباچہ تھا۔ حمید قریشی نے اپنے نو ساختہ مکان پر علم وجد بلند کر کے اپنی اردو دوستی ہی کا نہیں اپنی دکھنی محبت اور دیہی شرافت کا ثبوت دیا تھا۔ کوئی ۶ر بجے جلسہ شروع

ہوا۔ حاضرین جلسہ کی تعداد لاتعداد تھی۔ شہر سے اتنی دور اتنے لوگوں کا جمع ہونا ایک شعبدہ معلوم ہوا۔ خواتین کی تعداد زیادہ تھی کیونکہ ہندستان میں خواتین ہیں ہی زیادہ یا ممکن ہے۔ ان کی طرف زیادہ دیکھنے سے یہ زیادہ معلوم ہوتی ہوں۔

اتنا نفیس اور مہذب مجمع بہت دنوں بعد دیکھنے میں آیا۔ ڈاکٹر رفیق زکریا نے صدارت کی اور سکندر علی وجد کو بڑی گرم جوشی سے پھول پہنائے۔ پھولوں میں خوشبو بھی تھی۔ دور دور تک پھیلی۔ یہ پھول سہرے کے پھول نہیں تھے اس لیے جو بھی ہار تھا قبا کے دامن سے آگے نکلا جا رہا تھا۔ وجد صاحب نے اس دن شیروانی بھی غضب کی پہنی تھی۔ جامعہ عثمانیہ کے طالب علم معلوم ہو رہے تھے۔ انھیں ایک اونی شال بھی اوڑھائی گئی جو بہت ضروری تھی۔ موسم اچھا خاصا سرد تھا۔ مہاراشٹر اردو اکادمی کی جانب سے انھیں پانچ ہزار روپے کا ایک چیک بھی دیا گیا جو انھوں نے (غالباً میری سفارش پر) قبول کرلیا۔ آزاد کالج کی جانب سے ۱۰ر ہزار کا چیک پیش کیا گیا جو انھوں نے کالج ہی کی نذر کردیا۔ یہ بات وجد صاحب کو شاید مولوی عبدالحق نے بتائی تھی کہ کالج کو پیسے دیے جاتے ہیں وہاں سے لیے نہیں جاتے۔ غنیمت کہ یہ بات انھیں یاد تھی۔ اورنگ آباد کے ایک پرانے صحافی بھالے راؤ نے مراٹھی میں تقریر کی تو لوگوں کو معلوم ہوا غالب نے کیوں کہا تھا۔

ہم تو عاشق ہیں تمھارے نام کے۔ بھالے راؤ کے ایک ایک لفظ سے ظاہر ہو رہا تھا کہ یہ شخص زبان سے نہیں دل سے بول رہا ہے۔ اورنگ آباد یونی ورسٹی کے وائس چانسلر بی۔ آر۔ بیکر نے تو حد کردی۔ وہ بقلم خود اردو میں تقریر لکھ کر لائے تھے جو شاعر کے اشعار سے لبریز تھی۔ انھوں نے وجد کے وہ اشعار سنائے کہ وجد تو دو سو برس میں جھوم کر اٹھے تھے، سامعین چند لمحوں ہی میں جھوم اٹھے۔ قاضی سلیم نے بھی علمی ادبی ہی نہیں، بے حد جذباتی تقریر کی اور اپنے خورد ہونے کا اعتراف کر کے خود اپنی عزت بڑھائی۔ وجد صاحب کو اس دن کئی لوگوں نے ہار پہنائے۔ ناموں کے اعلان سے معلوم ہو رہا تھا کہ کلاس میں طلباء کی حاضری لی جارہی ہے۔ کچھ لوگ سمجھے ایشیائی کھیلوں میں حصہ لینے والے کھلاڑی اپنے کوچ کو ہار پہنا رہے ہیں۔ وجد صاحب جب تقریر کرنے مائیک پر آئے تو کئی سکینڈ تک آواز نے ان کا ساتھ نہیں دیا۔ کچھ بولے کچھ نہیں بولے۔ انھیں اندازہ ہی نہیں تھا کہ اپنی کم

آمیزی کی بنا پر جن لوگوں سے بچ بچ کے رہے وہ انھیں کتنا چاہتے ہیں۔ترنم سے چار شعر سنائے۔ایک شعر تو بھول ہی گئے تھے۔میں نے یاد دلایا۔

اس منزلِ پُرشور سے خاموش گزر جا   یاں جن کی بہت دھوم ہے کم یاد رہیں گے

تقریر بہت مختصر تھی لیکن تالیاں اتنی بجیں کہ منع کرنا پڑا۔سردی بڑھ رہی تھی۔گرمی سخن نے کچھ حرارت پہنچائی۔یعنی وہیں ایک مشاعرہ ہوا۔وجد صاحب گھر جاتے وقت اپنی شال اور اردو کادمی کا چیک اور پھولوں کے سارے ہار ساتھ لے گئے حالانکہ یہ عمر بھولنے کی ہوتی ہے۔کم سے کم چیک تو بھول جاتے۔لوگ اس قسم کے جلسوں سے تھکتے ہیں لیکن معاملہ یہاں الٹا تھا۔لوگ تازہ دم ہوکر واپس جارہے تھے۔اورنگ آباد بڑی خصوصیتوں کا شہر ہے۔

جشن وجد کا باب اول یعنی پہلا دن تو تہنیتی تھا جس میں شال پوشی، گل پوشی اور تھوڑی چائے نوشی شامل تھی۔اس دن خوش پوشی کا بھی مظاہرہ تھا حتی کہ مردوں نے بھی اپنے لباس و پوشش پر توجہ کی تھی۔اور تو اور خود صفی الدین صدیقی تھری پیس سوٹ میں ملبوس تھے۔تھری پیس سوٹ اس سوٹ کو کہتے ہیں جو قمیص ٹائی اور دوسری اشیاء کے علاوہ ایک پینٹ، ایک کوٹ، ایک واسکوٹ پر مشتمل ہو۔اور جس کے پہننے سے چلنے پھرنے میں کافی مشکلات پیش آئیں۔دوسرے دن مظاہرہ علم و دانش کا تھا۔جس میں صاحب جشن کی ۷۰ رسالہ زندگی اور ۵۰ رسالہ شاعری کا جائزہ لینے کا مرحلہ تھا۔یہ سیمینار بھی وہی شہر سے دور آزاد کالج میں منعقد ہوا سیمینار اور سمپوزیم نام کے جلسوں میں شریک ہونے سے لوگ عام طور پر پرہیز کرتے ہیں۔لیکن اورنگ آباد میں غالباً ہر شخص گھر سے باہر رہنے کا کوئی بہانہ ڈھونڈ تا ہے۔اردو سیمینار تھا اس لیے ڈیڑھ گھنٹہ تاخیر سے شروع ہوا اور جب اندازہ ہوگیا کہ اب ہال میں مزید گنجائش نہیں ہے۔جلسے کی کاروائی شروع کردی گئی۔سیمینار میں دلی سے رشید حسن خاں، حیدرآباد سے انور معظم جیلانی بانو اور ڈاکٹر سیدہ جعفر اور بمبئی سے پرنسپل عبدالقدوس نشی اور خواجہ عبدالغفور نے شرکت کی۔اورنگ آباد کی نمائندگی ڈاکٹر عصمت جاوید اور ڈاکٹر صفی الدین صدیقی نے کی۔قاضی سلیم کی گذشتہ دن کی تقریر اتنی اچھی تھی کہ سیمینار کی صدارت انھیں کو تفویض کی گئی۔خوب خوب مقالے پڑھے گئے اور وجد صاحب

کی شخصیت اور شاعری کی ہر طرف سے جانچ پڑتال کی گئی۔ جیلانی بانو نے ایک تاثراتی خاکہ پڑھا اور سامعین سے داد کے علاوہ معاوضے میں وجد صاحب کا تبسم بھی حاصل کیا۔اس ایک تبسم کی خاطر میں نے بھی ایک خاکہ پڑھا لیکن ناکامی ہوئی۔جشن میں شریک ہونے کیلئے لوگ دور دور سے آئے تھے لیکن تھکے سب سے زیادہ سکندر علی وجد اور اس کے کچھ ہی دنوں بعد فریش ہو گئے۔کھانا پینا تو ایک طرف رہا بولنے بتانے کی بھی سکت ان میں نہیں رہی۔مجھ سے بہت پہلے وہ کہہ چکے تھے۔

ہم تو اس جینے کے ہاتھوں مر چلے اور میں نے یہ کہہ کر کہ آپ ہمیشہ غلط مصرعے اور اشعار پڑھا کرتے ہیں۔ٹال دیا تھا۔لیکن ان کی یہ بیماری جان لیوا ثابت ہوئی۔ان کے علاج اور تیمارداری میں کوئی دقیقہ اٹھا نہ رکھا گیا لیکن کاتب تقدیر نے ان کی عمر اتنی ہی لکھی تھی۔وجد صاحب کو اورنگ آباد سے محبت نہیں تھی عشق تھا اور آخر کار انھیں یہیں کی مٹی نصیب ہوئی خسرو کا شعر ہے۔

روز یکہ ذرہ ذرہ شود استخوان من　　　　باشد ہنوز در دل ریشم ہوائے تو

یوں تو وجد صاحب کو زندہ رکھنے کے لئے ''لہو ترنگ'' ''آفتاب تازہ'' ''اوراق مصور'' ''بیاض مریم'' موجود ہیں اور بہت ممکن ہے کہ ان کی کلیات بھی شائع ہو جائے لیکن سوچا یہ گیا کہ ایک کتاب نثر میں بھی ان کی شخصیت اور شاعری کے بارے میں ہونی چاہیے۔ڈاکٹر مظہر محی الدین نے اس سلسلے میں بھی بڑی مستعدی اور گرم جوشی کا مظاہرہ کیا بلکہ وہ تو چاہتے تھے کہ جو کتاب بھی چھپے۔آزاد کالج کی طرف سے چھپے لیکن اس طرح تو وجد صاحب بالکلیہ آزاد کالج کے ہو کر رہ جاتے۔آخر دلی کا ان پر کچھ حق تھا اس لیے طے یہ ہوا ''کتاب نما'' کا ایک خاص شمارہ وجد نمبر کے نام سے شائع کیا جائے۔شاہد علی خاں، وجد صاحب کے قریبی دوستوں میں رہے ہیں وہ کتابیں بیچتے ہیں وجد صاحب خریدتے تھے اور بمبئی میں انکی شامیں مکتبہ جامعہ ہی میں گزرتی تھیں پس ڈاکٹر مظہر محی الدین نے مضامین فراہم کیے اور ڈاکٹر صفی الدین نے مشورے۔شاہد علی خاں نے خوب صورت نمبر چھاپا اور کتابت و طباعت میں اسی نفاست کو پیش نظر رکھا جو وجد صاحب کے مزاج میں تھی۔اس کتاب سے میرا تعلق صرف اتنا ہے کہ میں نے ادھر کا مال ادھر کیا اور شاہد علی خاں نے مجھے

اس کا مہمان مدیر سمجھا۔ مرتب کی حیثیت سے میرا نام اس کتاب پر صرف اسلئے ہے کہ ادب میں حشو و زوائد ہوتے ہی ہیں۔

کتاب اہل نظر کی خدمت میں پیش ہے اور اس کی رسم رونمائی کے لیے خاص طور سے علی سردار جعفری یہاں آئے ہیں۔ جعفری صاحب جشن وجد میں شریک نہیں ہو سکے تھے اور اپنی خواہش اور کوشش کے بعد ان کی علالت کے دوران بھی اورنگ آباد نہیں آ سکے تھے۔ بہر حال ان پر یہ ایک قرض تھا جو آج ادا ہو رہا ہے۔ مجھے پھر۔ خسرو کا ایک مصرع یاد آ گیا۔

بہ جنازہ گر نیائی بہ مزار خواہی آمد

کتاب نما کے وجد نمبر کی رسم اجرا تو ایک بہانہ تھا۔ یاد وجد کے لیے.

نوٹ: یہ مضمون ۲ر اکتوبر ۱۹۸۴ء کو اورنگ آباد مولانا آزاد کلب کی طرف سے منعقدہ جلسے میں پڑھا گیا۔

اختر بھائی (اختر حسن)

اختر بھائی کی رحلت کی خبر ملی تو ایسا محسوس ہوا کہ حیدر آباد دکن کے اداس ہونے میں جو کسر رہ گئی تھی وہ پوری ہوگئی۔ اختر بھائی برسوں سے بیمار تھے۔ کار جہاں یوں بھی دراز ہوسکتا ہے اس کا ہمیں علم نہ تھا۔ وہ اتنے علیل تھے کہ بستر سے اٹھنا بھی ان کے لئے محال تھا۔ محفلوں میں آنا جانا تو دور رہا گھر سے باہر نکلنا بھی ان کا کب کا چھوٹ چکا تھا۔ آج سے 52 سال پہلے اختر حسن کی صورت آنکھوں میں اب بھی گھومتی ہے۔ ان کی وہ قابل رشک صحت اور شاداب چہرہ بھلائے نہیں بھولتا۔ سیاہ شیروانی پہن کر تو وہ اور زیادہ نکھر جاتے۔ قاضی عبدالغفار کے دست راست بذات خود مکمل پیام مسرت جوش اور ولولے سے بھرپور، معلم، شاعر مقرر، مترجم، صحافی اور مان سب سے بڑھ کر نوجوانوں کی حوصلہ افزائی کے ماہر۔ اختر بھائی حیدر آباد کے ان ہونہار سپوتوں میں سے تھے جن سے حیدر آباد کی نئی نسل نے بہت کچھ سیکھا۔ ان کے متعلق یہ فیصلہ کرنا کہ وہ یہ تھے یا وہ تھے بہت مشکل ہے وہ ہمیشہ پابہ رکاب

رہے۔ بلکہ انہیں برڈ آف پیج Bird of Passage کہنا زیادہ مناسب ہے لکچرر اور ایڈیٹر تو وہ اتنی مرتبہ رہے کہ لوگ بھول جاتے تھے کہ اس وقت وہ مدیر ہیں یا معلم/ مجھے ریاست حیدر آباد کے ایک ضلعی کالج یعنی ورنگل انٹرمیڈیٹ کالج کے ایک مشاعرے میں بھی شرکت کا موقعہ ملا تھا جہاں وہ اس صدی کے چوتھے/ پانچویں دہے میں لکچرر تھے اور میں اس مشاعرے میں شامل تھا جب وہ روزنامہ پیام کے ایڈیٹر تھے اور دار لسلام کے مشاعرے کی نظامت کر رہے تھے دار السلام کے اس مشاعرے کی صدارت جگر مراد آبادی کر رہے تھے۔

مجھے ملے پلی کے اس گھر کی ادبی محفلیں بھی یاد ہیں جو ترقی پسند ادب کے طوفانی آغاز کے دنوں میں ہوا کرتی تھیں اور جن میں قاضی صاحب بھی کبھی کبھی شریک ہوتے تھے ہم لوگ پچھلی نشستوں سے بھی پیچھے کی صف میں بیٹھتے تھے اختر بھائی سے وابستہ کن کن یادوں کو دہراؤں انہوں نے غالب کے فارسی کلام کا اردو منظوم ترجمہ بھی کیا تھا، چراغ دیر، میں اپنی حد تک یعنی اپنی حدود میں رہتے ہوئے یہ کہہ سکتا ہوں کہ نظم طباطبائی کے ترجے (گریز اجمیی) کے بعد بلکہ اس سطر میں اختر بھائی کے اس ترجے کو رکھا جاسکتا ہے۔ میں نے ان سے کئی مرتبہ کہا کہ اس کتاب کا نیا ایڈیشن چھپنا چاہئے لیکن انہوں نے کبھی ادھر توجہ نہیں کی حالانکہ وہ کافی دنوں تک آندھرا پردیش اردو اکیڈیمی کے اسٹنٹ ڈائرکٹر کی حیثیت سے کارگزار رہے اور اگر وہ چاہتے تو یہ کتاب آسانی سے چھپ سکتی تھی۔ خیر اب تو کتاب اور صاحب کتاب دونوں نایاب ہیں۔ جب تک ان کی صحت نے ساتھ دیا اختر بھائی مصروف رہے۔ جس طرح ورنگل میں ان کا دل نہیں لگا اسی طرح بمبئی میں بھی ان کا دل نہیں لگا۔ یہاں وہ اردو بلٹز کے ایڈیٹر کی حیثیت سے آئے تھے لیکن غالباً مکان اور تنہائی کا مسئلہ ان کے لئے پریشان کن تھا اور جہاں تک کاروباری معاملات کا تعلق ہے ان کی طبیعت ادھر نہیں آتی تھی اور بمبئی جیسے غدار شہر میں کسی دوسرے کے پاس اتنا وقت نہیں ہوتا اور نہ توفیق ہوتی ہے کہ پریشان حال و درماندگی کے عالم میں دستگیری کے لئے اپنا ہاتھ بڑھائے۔ ان دنوں گورنمنٹ کالونی باندرہ ایسٹ میں تھی اور 70/60ء کے اردگرد وہاں کا ماحول نہ صرف دوستانہ تھا بلکہ شاعرانہ بھی تھا۔ وہاں پابندی سے مشاعرے اور جلسے ہوتے تھے۔ اور ان میں اختر بھائی بھی شریک ہوتے تھے۔ غالب سے متعلق ایک جلسے کی صدارت بھی انہوں نے کی

تھی۔اعلان کے مطابق صدارت جناب خواجہ احمد عباس کو کرنی تھی لیکن اختر بھائی کو اچانک یہ ذمہ داری سنبھالنی پڑی اور انہوں نے اپنی فی البدیہہ تقریر سے بتادیا کہ بعض فی البدیہہ تقریریں بھی پہلے سے سوچی ہوئی اور تیار کی ہوئی تقریروں سے بہتر ہوسکتی ہیں۔انہیں ڈھیروں شعر یاد تھے فارسی بھی اور اردو بھی اور تفہیم کے ہزار انداز ان کی جیب میں تھے۔قلم کی کاٹ اور تقریر کی لذت اختر بھائی دونوں کے اساتذہ میں سے تھے شعر ہو یا نثر صحافت ہو یا تنقید۔گفتگو ہو یا مباحثہ ،اختر بھائی ہر میدان کے شہسوار تھے۔طویل بیماری نے انہیں برسوں پہلے چپ کردیا ورنہ وہ جس محفل میں جاتے اسے جگمگادیتے۔مجھے حیدرآباد کا وہ جلسہ بھی یاد ہے جو سیکش حیدرآبادی کی یاد میں ان کے صاحبزادے فہیم نے ہنری مارٹن ہال میں ترتیب دیا تھا۔اختر بھائی کو اس کی صدارت کرنی تھی۔پروفیسر مغنی تبسم نظامت کررہے تھے ۔اختر بھائی کے آنے میں دیر ہوئی تو جانشینی میرے حصے میں آئی وہ جب آئے تو میں نے ان کی نشست خالی کرنا چاہی۔اختر بھائی کے ابرو پر بل پڑ گے اور انہوں نے مجھے ہلنے نہیں دیا۔یہ بزرگانہ ادائیں اب قصہء پارینہ بنتی جارہی ہیں۔ان کی بیگم ،ریاست بھابی نے اختر بھائی کی طویل علالت کے زمانے میں اتنی تندہی سے ان کی تیمارداری کی کہ وہ خود بیمار پڑ گئیں اور خانہ نشین ہوکر رہ گئیں۔ساٹھ سالہ رفاقت اب تو مستقل مفارقت میں تبدیل ہوکر ستم بالائے ستم ہوگئی ہے۔ان سے تو ہمدردی کرنے کا بھی یارا نہیں ہے۔

اختر بھائی کا پتہ بدل گیا

عجیب اتفاق ہے اس سال کے شروع کے ۳ر مہینوں میں یعنی جنوری، فروری اور مارچ کے ۳ر اردو ماہناموں میں باری باری سے اختر بھائی کی نظمیں متواتر شائع ہوئیں۔ جنوری کے 'شب خون' میں فروری کے 'ایوان اردو' میں اور مارچ کے 'آج کل' میں یہ وداعی نظمیں تو ظاہر ہے تینوں رسالوں میں صحیح شائع ہوئیں۔ بس 'آج کل' کے مارچ کے شمارے میں اختر بھائی کا پتہ غلط چھپ گیا۔ وہ اب ردی درشن میں نہیں رہتے۔ ۹ر مارچ کو وہ دنیا و مافیہا سے غافل ہو گئے بلکہ پوری طرح سے سبکدوش ہو گئے اور ۱۰ر مارچ کو انھیں وہاں پہنچا دیا گیا جہاں پہلے ہی سے ان کے جواں مرگ داماد مرحوم احمد خاں مدفون تھے۔ اب ان کا پتہ باندرہ مشرقی کا وہ قبرستان ہے جہاں پہنچنے کے لئے ریل کی پٹریاں پھلانگ کر یا اوور برج کی سیڑھیاں چڑھ کر جانا پڑتا ہے۔ 'ہرس' اور دوسری گاڑیاں صرف اس وقت جا سکتی ہیں جب باندرہ اور کھار کا درمیانی ریلوے کراسنگ گیٹ کھولا جا سکے۔ یہ صبر آزما اور

تکلیف دہ راستہ ہے۔ اختر بھائی کی زندگی کا سفر بھی کچھ اسی طرح کا تھا۔ ٹیڑھے میڑھے اور دشوار گزار راستوں سے ہوتے ہوئے وہ آسودگی کی منزل تک پہنچے تھے۔ ان کی آزمائش بھری زندگی میں خوشیاں بھی تھیں۔ سب بچوں کی تعلیم اور شادیوں سے وقت پر فارغ ہونے اور سب کی بے انتہا محبت پائی لیکن ان کی صحت نے ان کا ساتھ نہیں دیا۔ دل کے وہ پرانے مریض تھے۔ پانچ بائی پاس سرجری کروا چکے تھے اور پھر بھی ہنس بول کر زندگی گزار لیتے تھے لیکن پچھلے دو سال سے گردوں کی تکلیف نے انھیں دواخانے کا کچھ ایسا پابند کر دیا گیا تھا گویا وہ مریض نہیں دواخانے کے انتظامیہ سے منسلک رکن عاملہ ہوں۔ شروع شروع میں تو انھیں ہفتے میں ایک بار جانا پڑتا تھا لیکن بعد میں یہ پابندی ہفتے میں دو دن کی ہو گئی تھی جس سے وہ بیزار ہو چکے تھے اور چاہتے تھے کہ باندرہ ریکلیمیشن میں نو تعمیر شدہ لیلاوتی اسپتال میں ان کا علاج ہو سکے لیکن اس اسپتال میں اب تک ڈائیلیس کا انتظام نہیں ہو سکا ہے۔ گردوں کی بیماری میں آدمی بستر سے لگ نہیں جاتا چلتا پھرتا ہے لیکن اندر ہی اندر گھلتا جاتا ہے۔ خود علاج بھی کچھ کم تکلیف دہ نہیں ہوتا۔ یہ ۴ر گھنٹوں تک جاری رہتا ہے اور بعد کے دو گھنٹے قیامت کے ہوتے ہیں۔ اور اس لامتناہی اور با مشقت علاج کے بھی بعد نتیجہ بلعدلا ملی؟ اختر بھائی نے یہ صعوبت بھی برداشت کر لی ۹ر مارچ کو ان کا آخری ڈائیلیس تھا۔ گھر واپس آئے۔ کھانا کھائے بغیر بستر پر لیٹ گئے۔ نیند نے انھیں اپنی آغوش میں لے لیا اور پھر وہ بیدار نہیں ہوئے۔ سکون کی زندگی انھیں ملی ہو یا نہ ملی ہو موت نے ان کے ساتھ نرم سلوک کیا اور روح قفس عنصری سے یوں پرواز کر گئی جیسے کوئی پرندہ اچانک بلند آواز کے اڑ جاتا ہے۔ کسی شاعر نے اسی لیے آدمی کو پرندہ سے تشبیہ دی ہے اور کہا ہے۔

شاخ پر بیٹھا کوئی دم چہچہایا اڑ گیا۔

بمبئی میں اختر بھائی کی تقریباً نصف زندگی کے شروع کے کئی سال تگ و دو اور کشمکش کے سال تھے اور بمبئی میں قسمت آزمائی کا فیصلہ ان کا اپنا فیصلہ تھا۔ ان کا بچپن دلی کے دریا گنج کے علاقے میں واقع ایک یتیم خانے میں گزرا۔ آج اس کا نام ''بچوں کا گھر '' ہے۔ ان کی خود نواشت سوانح حیات جو حال حال میں چھپی اس لحاظ سے منفرد ہے کہ اس میں زیب داستان قسم کی کوئی بات نہیں ہے۔ یادوں کی بارات یہ بھی ہے لیکن اس بارات

میں جتنی بھی روشنیاں سرگوشیاں اور آوازیں ہیں۔ان کا سرچشمہ صرف سچ ہے۔ یہ سوانح ایک عام آدمی کی کہانی بھی ہے اور ایک دانشور کی روداد حیات بھی۔ جوش کا مصرع اس پر پوری طرح صادق آتا ہے کہ ع

اس انجمن گل میں شعلے بھی ہیں شبنم بھی

اختر بھائی کے رہن سہن سے ایسا معلوم ہوتا تھا کہ وہ الگ تھلگ رہنے والے شخص ہیں لیکن انھیں زندگی کے معمولات اور حقائق سے اتنا ہی لگاؤ تھا جتنا کہ ایک نارمل آدمی کو ہوتا ہے۔وہ جھمگھٹے کے آدمی نہیں تھے۔ محبتیں بھی انھیں کسی اعتدال سے بھی کم تر درجہ کی ملنے جلنے کے معاملے میں پیش قدمی کا کوئی واقعہ شاید ان کی زندگی میں نہ ہوا ہو/ وہ دنیا بھر میں گھومے پھرے لیکن بمبئی سے ان کی عدم موجودگی کا احساس کم لوگوں کو ہوا ہوگا۔ کسی محفل میں نشست میں جلسے میں مشاعرے میں ان کی موجودگی چھوٹے موٹے تعجب کی بات ہوتی تھی نئے دوست انھوں نے بنائے نہیں۔ عمر کا فرق تو درمیان میں تھا ہی اس کے علاوہ وہ فطرتاً کم آمیز آدمی تھے۔ ملتے سب سے تھے لیکن اس طرح جیسے وہ بہت دور بیٹھے ہوں۔ کسی کو سبکی کا احساس تو نہیں ہوتا تھا بس کسی شئے کی کمی ضرور محسوس ہوتی تھی لیکن اس کے ساتھ اور اس کے بالکل برخلاف ان کے قریبی دوستوں کا ایک حلقہ بھی تھا جو ان کی زندگی کا ایک حصہ تھا نا قابل تقسیم ایسا حلقہ جس میں وہ اسیر بھی تھے اور ارباب حلقہ کے محبوب بھی۔ان کے قریبی دوستوں میں میراجی جیسے لوگ بھی تھے جن کے بارے میں خود اختر بھائی کا کہنا یہ ہے کہ ان میں کوئی قدر مشترک نہیں تھی۔ یہ بیان اس لئے صحیح معلوم ہوتا ہے کہ میراجی کو واقعی یہ بات معلوم تھی کہ صاف ستھرے کپڑے پہنے اور ساتھ اٹھنے بیٹھنے میں بھی کچھ لیے ہاتھ منہ دھونے کے بھی ہوتے ہیں وہیں اختر بھائی کے دوستوں میں بیدار بخت جیسے نفیس اور صفائی پسند آدمی بھی تھے جنھیں آداب محفل کا اتنا خیال رہتا تھا کہ چھینک بھی آتی تو اسے آنے نہیں دیتے تھے۔ جمیل الدین عالی بھی ان کے جگری دوست تھے۔ جب بھی وہ بمبئی آتے اگر کسی وجہ سے اختر بھائی کے گھر نہ بھی ٹھہرتے تو پہروں وہاں گذارتے تھے۔ جمیل الدین عالی کی میں سمجھتا ہوں ساری تصانیف اختر بھائی کی لائبریری میں موجود تھیں اور میں نے جب ان کا سفرنامہ ''دنیا میرے آگے'' مستعار مانگا تو اختر بھائی اسے مجھے دیتے وقت تو کچھ

نہیں بولے لیکن اس کتاب کی عارضی جدائی وہ زیادہ دن برداشت نہیں کرسکے اور بالآخر ایک دن صبح صبح انھوں نے مجھے فون پر دھمکی دی کہ اگر یہ سفرنامہ انھیں فی الفور واپس نہیں پہنچایا گیا تو وہ پولس کی مدد سے اسے منگوالیں گے۔ اختر بھائی کی حسِ مزاح خاص طور پر صبح صبح بہت تیز رہتی۔ جمیل الدین عالی تو اختر بھائی کی تعزیت کے لئے بھی کراچی سے بمبئی آنا چاہتے تھے لیکن انھیں ویزا نہیں مل سکا۔ کرکٹ اور تعزیت میں یہی فرق ہے۔ اختر بھائی کے دوستوں کے حلقے میں ایک نام ان کے یار غار مدھوسودھن کا بھی ہے۔ پتہ نہیں یہ کب کی اور کس قماش کی دوستی ہے کہ دوستی کی یہ ڈور مضبوط تر ہوتی جاتی ہے اس میں کبھی کوئی گرہ نہیں پڑی یہ مجھے معلوم ہے کہ مدھوسودھن پابندی سے ہر ہفتے اختر بھائی کے گھر آیا کرتے تھے اور پورا اتوار وہیں گزارتے تھے۔ باتیں دونوں دوستوں میں شاید کم ہی ہوتی تھیں لیکن دوستی کی صحیح پہچان یہی ہے کہ دو دوست گھنٹوں ساتھ بیٹھے رہیں اور کچھ نہ بولیں۔ اس لحاظ سے اختر بھائی دوستی کے معاملے میں متضاد معیار کے آدمی تھے ایک مرتبہ جس سے دوستی ہوگئی بس ہوگئی۔ اسی لئے میراجی کی کتاب بھی اختر بھائی ہی نے چھاپی کسی اور کے پاس یہ ذخیرہ تھا بھی نہیں اور ہوتا بھی تو یونہیں طاق پر دھرا رہتا۔ اختر بھائی نے زندگی کا ہر ذائقہ چکھا اور اس طرح رہے اور جیئے جیسے کچھ ہوا ہی نہیں دنیا کی نعمتوں سے برسوں محروم رہے اس کی شکایت نہیں کی اور جب یہ حاصل ہوئیں تو کفرانِ نعمت کا الزام بھی اپنے سر لے لیا۔ احتیاط اور اعتدال ان کا شعار رہا ہے۔ ۱۹۴۴ء میں جب علی گڑھ میں ایم۔ اے کے طالب علم تھے انھوں نے حیدرآباد کے سفر کے دوران اچانک یہ فیصلہ کیا کہ اب وہ ایم۔ اے نہیں کریں گے۔ اور بمبئی جا کر قسمت آزمائی کریں گے۔ وہ کسی اردو کانفرنس میں شرکت کے لئے حیدرآباد گئے تھے/ غالباً آل احمد سرور کی قیادت/ میں وہاں سے ایلورا اجنتا کی سیر کے لئے اورنگ آباد گئے۔ بس یہی سفر ان کی زندگی کا موڑ تھا بمبئی ان کی منزل تھی۔ آل احمد سرور نے ان کے بارے میں صحیح لکھا ہے کہ ''بمبئی میں انھیں بہت سی مشکلات جھیلنی پڑیں مگر ان میں ایک رگ ایسی تھی جو انھیں ہار ماننے نہیں دیتی بلکہ حالات کے مقابلے پر اکساتی ہے۔

اختر بھائی کی بکھری بکھری زندگی کی شیرازہ بندی ۱۹۴۸ء میں اس طرح ہوئی کہ اس سال ان کی شادی دلّی میں ہوگئی۔ اور پھر انھیں زندگی گزارنے کا سہارا بھی مل گیا اور

قرینہ بھی آگیا۔میں ان کی اس زندگی سے تو واقف نہیں جو انھوں نے شروع کے دنوں میں قلب شہر میں گزاری لیکن باندرہ کے چاروں مکان جن میں وہ ابتداء شروع سے آخر تک رہے میرے جانے بوجھے تھے۔ مجھے اختر بھائی سے قریب بلکہ قریب تر آنے کا موقعہ یوں ملا کہ درمیان میں وہ ادب حائل نہیں تھا جو لٹریچر کہلاتا ہے بلکہ میری ان سے قربت کی وجہ بیگم اختر الایمان کے حیدر آبادی قرابت داروں سے دوستی تھی۔اختر بھائی کی اس خوبی کا میں قائل ہوں کہ انھوں نے مجھے کسی قدر مشترک کے نہ ہونے کے باوجود کسی قدر رکھ کر کافی قریب رکھا ۔آخر دنوں میں اختر بھائی اپنے آپ کو تنہا محسوس کرنے لگے تھے۔دوستوں اور ملاقاتیوں سے مایوسی کی باتیں تو نہیں کرتے تھے لیکن نہ ملنے کی شکایت ضرور کرتے تھے۔پچھلے اکتوبر یا نومبر میں انھوں نے اپنی عمر کے ۸۰ سال پورے ہونے پر اپنی سالگرہ منائی تھی اپنی سب سے بڑی بیٹی کے گھر۔اس دن اختر بھائی خوش بھی تھے دلگیر بھی۔دلی جذبات امڈ امڈ کر آنکھوں میں آرہے تھے۔ان کی آنکھیں نم تھیں اور شاید وہ دل ہی دل میں سمجھ رہے تھے کہ انھیں اپنے دوستوں اور چاہنے والوں میں اس طرح چند گھنٹے گزارنے کا موقعہ دوبارہ نہیں ملے گا۔کمزور بہت ہو گئے تھے اور بہت دھیمی آواز میں بات کرنے لگے تھے۔اس شام ایک مختصر سی شعری نشست بھی ہوئی تھی اور اختر بھائی نے اپنی کئی نظمیں سنائی تھیں۔ان کے پرانے دوستوں میں جعفری اور اندیور موجود تھے۔فلم سے وابستہ کئی لوگ تھے۔اختر بھائی کی اس خوبی کا بھی ذکر ضروری ہے کہ اگر وہ فلمی رفقاء سے اس طرح وابستہ تھے لیکن ان کا امیج ہمیشہ ایک مفکر اور شاعر کا تھا۔اس میں بیدار بخت بھی شریک تھے۔بیدار بخت نے اختر بھائی کی شاعری کا انگریزی ترجمہ کیا اور چھاپا ہے اور اب اختر بھائی کے غیر مطبوعہ کلام کی اشاعت کا منصوبہ بھی بنایا ہے۔اختر بھائی سے ان کی غیر معمولی محبت اور عقیدت کسی مزید ثبوت کی محتاج نہیں ہے لیکن آفتاب آمد دلیل آفتاب کیلئے بھی تو دلیل کی ضرورت پڑتی ہے۔

اختر بھائی نے اس طرف بہت کچھ کہا ہے۔بلکہ میں سمجھتا ہوں وہ شتابی سے فارغ ہونے کے لئے اکثر و بیشتر فکر سخن میں محو رہا کرتے تھے اور مجھ جیسے سخن نا فہم شخص کی فرمائش پر بھی اپنی تازہ نظمیں ضرور سناتے تھے۔یوں بھی ان کی شاعری میں نشاط کی لہروں اور انبساط کے جھونکوں کی فراوانی نہیں ہے لیکن اب تو ماحول ہی بدل گیا تھا۔دواخانہ بس

دواخانہ۔ مریض علاج اور سفر آخرت کا در پردہ ڈھکا چھپا ذکر۔ اختر بھائی کی دو نظمیں جو میں نے دو دن پہلے ہی حاصل کی ہیں آپ کو صرف اس لئے سناؤں گا کہ آپ کو اندازہ ہو سکے کہ ان کے دل و دماغ کی کیا کیفیت تھی ایک نظم ہے 'تشخیص' جس میں وہ کہتے ہیں۔

مجھے یہ کون سے دارالشفا میں لائے ہو
یہاں تو بھیڑ ہے اک زرگزیدہ لوگوں کی
علاج اس کا تو ممکن نہیں اس پہ بھی
زرگزیدگی اک ایسا مرض ہے جس کے سبب
ہزاروں اور مرض جسم میں ابھرتے ہیں
مجھے تو ایسا کوئی روگ تھا نہ اب تک ہے
بشرگزیدہ ہوں میں لے چلو یہاں سے مجھے
مرا مرض نہیں پہچانتا یہاں کوئی

دوسری نظم ہے 'حرف تمنا' جو شاید نامکمل ہے۔ اور یوں بھی تمنا کس کی پوری ہوتی ہے۔ کہا ہے۔

☆ خداوندا! مجھے ان کی رفاقت دے
جنھیں رہتا ہے پچھتاوا
کچھ ایسی زندگی کا
اس سے بہتر کیوں نہ کر پاتے
مجھے ان کی جسارت پر ہے جو اپنے نفس کے خام نہیں ہوتے۔ برائی کو برائی کہہ کے جیتے ہیں

جو قبروں میں نہیں سوتے — ہوا میں خاک بن کر اڑ نہیں جاتے
خیال روح افزاء بن کے آتے ہیں زمانے میں — ہوا میں تیرتے ہیں مشکبو
خدا کہہ کر ہر اک شے پوجتا ہوں خیر خدا کے میں
مجھے توفیق دے سجدوں کے معنی جان جاؤں
مرے قرطاس کو ایسی عبارت دے / جو دن پر دن اُجلی ہوتی چلی جائے

اختر بھائی کی سماعت اور بصارت ادھر بہت تیز ہوگئی تھی وہ کسی پیش آنے والی حقیقت کے قدموں کی چاپ سن رہے تھے وہ بہت دور تک دیکھ سکتے تھے۔ موت کا کوئی چہرہ نہیں ہوتا لیکن اختر بھائی نے شاید اس کا ہیولا بھی دیکھ لیا تھا جبھی تو انھوں نے اپنی نظم زمستاں سردہری کا مٹیں یہ کہا۔

فسانہ تھا جہاں جیسے، حقیقت تھی گماں جیسے
کہیں اک گھاؤ باقی رہ گیا ہے/ جسے میں دیکھ سکتا ہوں فقط میں
بہے جاتی ہے میری کشتی عمر رواں آہستہ آہستہ
خیال و خواب ہوتا جارہے یہ جہاں آہستہ آہستہ

اختر بھائی نے گفتگو کم کی لیکن اپنے اشعار کو گویائی دے دی۔ وہ خاموش ہوگئے لیکن ان کے شعر کبھی مُہر بہ لب نہ ہونگے/ موت کتنی مہیب اور طاقتور کیوں نہ ہو، دل کی گہرائی سے نکلے ہوئے اشعار پر اس کا زور نہیں چلتا۔ اختر بھائی نے موت کو بھی مسیحا سمجھا اور یہ کہا

مسیحا آسماں سے ائیں گے اک روشنی پھیل جائے گی= اور اسی مسیحا کی زبان سے انھوں نے سن لیا۔

وہیں ٹھیرو مجھے معلوم ہے کیا چاہیے تم کو/ تمھیں چھو کر تمہارے سب مرض میں دور کردوں گا۔

مری زنبیل میں ایسا کوئی نسخہ لیکن/ تمھیں دے جاؤں گا اور تم فکر سے آزاد ہو جاؤ۔

اختر بھائی دلیر آدمی تھے کہ موت کے استقبال کی بھی ہمت اور شعور رکھتے تھے۔

جانے والوں کو پیچھے رہ جانے والے دیتے بھی کیا۔ ایک مٹھی مٹی اور مجھ سے یہ بھی نہیں ہو سکا۔

اچھے دنوں کی جھلملاتی یادیں

"سیاست" اخبار میں سید مرتضٰی قادری کی رحلت کی خبر پڑھ کر زندگی کے وہ چند سال جنہوں نے مجھے ان کے ساتھ ایک اٹوٹ رشتے میں باندھ دیا تھا۔ میری نظروں کے سامنے گھوم گئے۔ "یادِ ماضی" کے غمناک رخ کے ذکر سے تو سبھی واقف ہیں لیکن یادِ ماضی کا ایک دوسرا رخ بھی ہے اور جی چاہتا ہے کہ ماہ و سال کے اندھیروں میں ڈوبتا ہوا حافظہ عود کر آئے۔ یہ حافظہ گو ساتھ دینے میں تکلف اور تامل سے کام لیتا ہے لیکن ذہن میں چند بھولی بسری یادیں بھی جھلملا اٹھیں تو احساس ہوتا ہے کہ قدرت کے کارخانے میں نعمتوں کی کمی نہیں اور ان میں سے بہت کچھ یا کچھ ہر کسی کے حصے میں آسکتی ہیں۔ سید مرتضٰی قادری مرحوم سے میری وابستگی، دو مختلف العمر اور متضاد الخیال اجنبیوں کی دوستی تھی لیکن ایسا معلوم ہوتا ہے قدرت نے کچھ ایسا انتظام کر رکھا ہے کہ دوستوں کے لئے ہم خیال، ہم مشرب، ہم مسلک ہونا غیر ضروری ہے صرف ہم ہونا بھی کافی ہے۔ مرحوم مجھ سے عمر میں بڑے تھے

سوجھ بوجھ میں اور علم و دانش میں تو اور بھی زیادہ بڑے تھے۔ انتہائی مہذب، متین اور متشرع آدمی تھے اور میری صحبت اور آشنائی کا ان پر ذرہ برابر بھی اثر نہیں ہوا تھا بلکہ سرکاری ملازمت سے وظیفہ پر سبکدوش ہونے کے بعد تو اور زیادہ مکمل طور پر مذہبی اور دینی ہو گئے تھے۔ (تاریخی تو پہلے ہی سے تھے انہوں نے تاریخ، فنون کے ساتھ ہی بی اے کی سند حاصل کی تھی)۔ تصنیف و تالیف سے انہیں طبعی دلچسپی تھی اور جب مکائد دنیا سے فرصت ملی تو انہوں نے گھر میں بند ہو کر جسے گوشہ نشینی کہا جاتا ہے اپنے آپ کو پڑھنے اور لکھنے کے کام میں وقف کر دیا اور مجھے یہ احساس ہونے لگا تھا کہ میں ان سے ملوں گا تو ان کے مشاغل اور اوراد میں خلل واقع ہوگا اور یوں بھی حالات نے ملنے جلنے کے مواقع تقریباً شجر ممنوعہ کی طرح خارج از بحث کر دیئے تھے۔ تاہم میں ممبئی سے جب بھی حیدرآباد آتا ان سے ملنا یا کم سے کم ملنے کی ناکام کوشش ضرور کرتا نہیں وصل تو حسرت ہی سہی کہہ کر بیک بینی و دو گوش بینی جا کر وہاں کی وحشتوں اور سیاست کی گرم بازاریوں میں گم ہو جاتا۔ سید مرتضیٰ قادری سے آخری ملاقات عابد علی خاں مرحوم کی پوتی سیدہ فاطمہ سب ایڈیٹر 'سیاست' کی شادی کی تقریب میں ہوئی اور جب میں ان سے ملا تو حامد (ان کے صاحبزادے) کو یاد دلانا پڑا کہ میں کون ہوں۔ ان کی یادداشت بہت کمزور ہو گئی تھی لیکن وہ مجھے بھولے نہیں تھے۔ ان کی آنکھوں کی چمک اور ہونٹوں پر ان کے اندرون سے آتی ہوئی مسکراہٹ نے مجھے بتایا کہ محبت کا وہ چراغ جو ریاست حیدرآباد کے ضلع رائچور میں ۳۵ سال پہلے ہم نے مشترکہ طور پر جلایا تھا وہ ابھی چراغ سحری نہیں ہوا ہے اور اگر ہوا ہے تو اس میں اس سحر کا عمل دخل نہیں ہے جو صبح کاذب ہوتی ہے بلکہ اس پر اثر اس سحر کا ہے جسے جادو کہتے ہیں۔ سید مرتضیٰ قادری اپنی کیفیت کے اعتبار سے ابوالبرکات تو تھے ہی لیکن ان کے عادات و خصائل نے انہیں صوری طور پر بھی ابوالبرکات بنا دیا تھا۔ میں یہ بات حلفاً کہہ سکتا ہوں کہ تصفیۂ قلب اور تزکیۂ نفس (جو فطری ہونے کے وجہ سے بجائے خود مستزاد تھا) ان کے چہرے بشرے سے ظاہر تھا۔ ان کی صحت بہت گر چکی تھی۔ چلنے میں لڑکھڑاتے تھے اور یادداشت کا درجہ حرارت تو بہت ہی گر گیا تھا۔ کھانے کی میز پر وہ ساتھ ہی بیٹھے تھے اور حامد جنہیں اپنے والد کی خدمت کا بھرپور موقع قدرت نے بہم پہنچایا تھا انہیں "باضابطہ" کھانا کھلا رہے تھے۔ مرحوم نے کچھ الجھی الجھی

باتیں بھی کیں لیکن قند وشکر کی وہ مٹھاس جو ان کی گفتگو سے زیادہ ان کے انداز گفتگو کا طرۂ امتیاز تھی ان کی کوشش بسیار کے باوجود مجھ تک نہیں پہنچ سکی۔ (کوتاہی شاید میری طرف سے ہوئی) ابوالبرکات سید مرتضیٰ قادری کا وطن مالوف قاضی پیٹھ تھا اور اسی کی مٹی انہیں نصیب ہوئی (مرحوم کے خاندان کے افراد اور بزرگ خواہ کتنی ہی دور کیوں نہ ہوں، قاضی پیٹھ کی مٹی بہر حال انہیں وطن واپس بلاتی ہے شاید ہی کوئی مجبوری اس روایت کی پابندی میں حارج ہو جائے ورنہ سب کی آخری آرام گاہ قاضی پیٹھ جاگیری ہی میں مقرر ہے۔ مرحوم نے زندگی کے ۸۲ سال پورے کئے لیکن ان کی علمی، دینی اور ادبی خدمات کا جائزہ ان کی زندگی میں نہیں لیا جاسکا وہ جامعہ عثمانیہ کے تاریخ کے معلم ابن حسن مرحوم کے چہیتے شاگرد تھے اور خود مرحوم نے انہیں اپنا مرکز توجہ (آئیڈیل) بنایا تھا۔ ابن حسن مرحوم کا آج بھی لوگ ادب واحترام سے نام لیتے ہیں اور یہ استاد محترم کا فیض اور شاگرد رشید کا اکتساب ہنر تھا کہ مرحوم مرتضیٰ قادری نے بیسیوں مضامین تاریخ کے موضوع پر لکھے اور ان کے ساتھ وہ انصاف کیا جو آج عدالتوں میں بھی خال خال نظر آتا ہے۔ تحقیقی مضامین میں تو اب تحقیق کے عنصر کا نظر آنا شاید اب پولیس کی دست اندازی کیلئے مناسب ترین جرم ہے۔

مرحوم مرتضیٰ قادری حضرت سید شاہ سرور بیابانی جیسے جید بزرگ کے خاندان کے چشم و چراغ تھے۔ حضرت موصوف ان کے نانا تھے اس توسط سے مرحوم کے اپنے پس منظر کا اندازہ لگایا جاسکتا ہے لیکن مرحوم نے اپنے اس پس منظر کو اپنی روزمرہ کی اور مجلسی زندگی میں کبھی تشہیر یا برتری کا وسیلہ نہیں بنایا اور اپنے اس رویے کے باوجود وہ لوگوں کو اپنا گرویدہ بنا لیتے تھے۔ یہاں میں ایک بات عرض کردوں۔ وہ یہ کہ بزرگوں کے تجربوں اور دانشوروں کے کہے ہوئے مقولوں کو میں زندگی کے سفر میں ساتھ چلنے والے روشنیوں یا ان قندیلوں کا درجہ دیتا ہوں جو محکمہ بلدیہ کی طرف سے سڑکوں پر لگائی جاتی ہیں۔ یوں سمجھئے یہ اسٹریٹ لائیٹ (Street Light) کا کام دیتے ہیں۔ دانشوروں کے کئی مقولے سو فیصد صحیح ثابت ہوتے ہیں مثلاً یہ کہ کتابیں انسان کی سب سے اچھی دوست ہوتی ہیں یا یہ کہ جست لگانے سے پہلے دیکھ لو، لیکن جس دانشور نے بھی یہ بات کہی تھی کہ پختہ عمر کو پہنچ جانے کے بعد کسی نئی دوستی کی تشکیل کیجیئے یا رونمائی ممکن نہیں ہے۔ اس نے شاید قدرت کی فیاضیوں کا

ٹھیک سے تخمینہ مرتب نہیں کیا تھا۔اوایل عمر کی دوستیاں یقیناً مستحکم اور مضبوط ہوتی ہیں لیکن کچھ صورتیں ایسی بھی ہوتی ہیں کہ دوستی اور رفاقت نہ تو طویل مدت کی محتاج ہوتی ہے اور نہ کسی دوسری شرائط کی پابند۔میں اپنی اور مرتضیٰ قادری صاحب کی دوستی کو ایسے زمرے میں شامل کرتا ہوں۔رائچور کی قربتوں کے منقطع ہونے کے بعد نہ ہم بالالتزام ملے نہ خط و کتابت ہوئی لیکن وہ شاخ ہمیشہ ہری رہی جسے شاخ نہال غم نہیں۔شاخ نہال نشاط وسرور کا نام دیا جاسکتا ہے۔یہ تو مجھے بہت بعد میں معلوم ہوا کہ وہ میرے اقامت خانے کے ایک ساتھی سید معین عالم کے بہنوئی ہیں اور یہ کہ انہوں نے اپنے والد ماجد کی تالیف ''افضل الکرامات سروری'' کی ترتیب وتدوین کا کام انجام دیا تھا۔(اس کتاب کے اب تک ۵/ایڈیشن شائع ہو چکے ہیں) یہاں مجھے ان کے ہم عصر شاعر سکندر علی وجد کا وہ مصرع یاد آگیا جو شاعر نے کلیہ جامعہ عثمانیہ کی عمارت کھڑی کرنے والے مزدوروں کے بارے میں کہا تھا کہ'' کام چھوڑا ہے کہیں نام نہیں چھوڑا ہے''۔اس مصرع کا اطلاق صرف اس حد تک ہوتا ہے کہ سید مرتضیٰ قادری علمی اور ادبی حلقوں میں اس طرح کی شہرت حاصل نہیں کرسکے(نہ ان کی طبیعت ادھر آئی) جو ادیبوں اور شاعروں کے شوق کی چیز ہوتی ہے لیکن ایک مخصوص حلقہ میں وہ بہر حال جانی پہچانی اور قابل ذکر اور قابل قدر شخصیت کی طرح مشہور تھے۔ہوسکتاہیکہ انکے ورثا اس بیش بہا سرمایہ کی اشاعت کی کوئی سبیل پیدا کریں جو مرحوم نے اپنے ترکے کے طور پر چھوڑا ہے۔اور یہ ترکہ ایسا نہ ہو کہ ترک کردیا جائے۔

مجھے اندازہ ہے کہ سید مرتضیٰ قادری نے جتنے مضامین لکھے ہیں اگر انہیں یکجا کیا جائے اور صرف منتخب مضامین کو کتابی شکل میں شائع کیا جائے تو کافی ضخیم کتاب منظر عام پر آسکتی ہے۔سید مرتضیٰ قادری سے میرے گھریلو مراسم کچھ اس نوعیت کے تھے کہ جب مرحوم اپنی بیگم کے ساتھ ۱۹۷۰ء میں حج بیت اللہ کی سعادت حاصل کرنے مکہ اور مدینہ گئے تو انہوں نے ازراہ محبت میرے برادر نسبتی مرزا اقبال بیگ کو مدینہ میں اپنا میزبان بننے کا موقع دیا۔مرزا اقبال بیگ اس وقت مدینہ منورہ میں انجینیر کی حیثیت سے متعین تھے اور غیر شادی شدہ تھے۔اس کے غالباً دو سال بعد ۱۹۷۲ء میں مسجد نبوی میں ان کا عقد ہوا اور سید مرتضیٰ قادری نے نوشاہ کے لئے خصوصی طور پر دستار تیار کرواکے یہاں سے وہاں بھجوائی۔سید

مرتضی قادری نے گو مجھے کبھی ''خورد نہیں سمجھا لیکن مرحومہ بیگم مرتضیٰ قادری بہر حال مجھے صرف خورد نہیں بہت خورد مانتی تھیں اور ان کا سلوک مجھ سے تدریسی اور تنبیہی تھا۔ مرحومہ رائچور میں میرے بچوں کو گود میں کھلانے کی شوقین تھیں اور شاید یہی حال سید مرتضیٰ قادری کے صاحبزادوں اور دو صاحب زادیوں کا تھا۔ مجھے یاد نہیں ہے کہ ہم لوگوں نے ملاقات کا کون سا دن ناغہ کیا تھا۔ ہمارے درمیان رشتہ بھی کچھ عجیب وغریب تھا مرتضیٰ قادری کو میری بیوی خالو باوا کہتی تھیں کیونکہ مرحوم نے شاید کسی وقت کہہ دیا تھا کہ میری بیوی ان کی بھانجی معلوم ہوئی ہیں۔ انکے بچوں کیلئے میں تو چچا تھا لیکن میری بیوی ان کی آپا تھیں۔ اس پیچیدہ طرز تخاطب کا آج تک کوئی حل نہیں نکلا ہے۔ میں انکے صاحبزادے کی شادی کی تقریب میں صرف اسلئے شریک نہیں ہوسکا کہ ان دنوں ریل کی ہڑتال جاری تھی...... تاریخوں میں اس کارنامے کا انعقاد عمل میں آنے والا تھا شاید وہ ٹکٹ اب بھی کاغذات میں کہیں پڑا ہوا ہو۔ بہر حال مجھے یاد ہے کہ شادی کے کئی دنوں بعد میں نے ان کے گھر میں جو نیا نیا تعمیر ہوا تھا خصوصی دعوت ولیمہ کھائی تھی۔ (ولیمہ بھی ثواب جاریہ کی ایک شکل ہے)۔

یہ یادیں جگنوؤں کی طرح چمکنے اور چھپنے والی یادیں ہیں۔ دھنک کی طرح کبھی کبھی ذہن کے افق پر نمودار ہو کر سرور و انبساط کا سامان بہم پہنچانے والی یادیں ہیں۔ ان کا تبسم مجھے ہمیشہ یاد رہے گا۔ وہ مقطع اور غیر معمولی طور پر متین ہونے کے باوجود بے حد خوش مزاج اور ہنس مکھ شخصیت کے مالک تھے۔ ان سے مصافحوں کا لمس اور بغل گیر ہونے کی حرارت کو میں اب بھی تازہ ہی محسوس کرتا ہوں۔ ان کے ساتھ گذرے ہوئے لمحوں کی برکت یہ ہے کہ ان کے گھر کے دروازے اب بھی میرے لیے بند نہیں ہوئے ہیں۔

آخر میں میں مرحوم کی تاریخ دانی کے ثبوت کے طور پر ان کے ایک مضمون کا حوالہ دوں گا اور یہ بھی عرض کروں گا کہ مجھ جیسے شاعر اور مرتضیٰ قادری مرحوم جیسے تاریخ داں میں کیا فرق ہے۔ شعراء صاحبان بوسنیا کا نام لے کر شعر سناتے ہیں اور مجمع سے داد حاصل کرتے ہیں لیکن میری طرح وہ نہیں جانتے کہ یہ بوسنیا ہے کہاں اور اس کا پس منظر کیا ہے جب کہ تاریخ داں کا معاملہ برعکس ہے۔ ان کے قلم سے کوئی بات ایسی نہیں نکلتی جس سے وہ پوری طرح آگاہ نہیں ہوتا۔ مرحوم نے پہلی اور دوسری جنگ عظیم کے بارے میں مضامین

لکھے تھے اور گمان یہ ہوتا ہے کہ یہ کسی جنرل کی ڈائری ہے لفظ بہ لفظ حرف بہ حرف صحیح ملاحظہ ہو۔ ''دوسری گروہ بندی جس کے سب سے طاقتور رکن فرانس، روس اور برطانیہ تھے بلجیم اور سربیائی طرفداری کے ساتھ اتحادین یا حلیف کہلائے ۱۹۱۵ء میں جاپان اور اٹلی اور ۱۹۱۶ء میں رومانیہ ان کے ساتھ شریک ہو گئے۔ ایک اور حلیف پرتگال تھا اور اس گروہ بندی میں سب سے آخر میں ممالک متحدہ اپریل ۱۹۱۷ء میں شامل ہو گیا۔ یہ کشمکش ایک بے مثال پیمانے پر ہوئی تھی۔ غالباً تین کروڑ آدمی ایک ہی وقت میں ہتھیار بند تھے (پہلی عالمی جنگ۔ تحریر مرقومہ ۲۳/اپریل ۱۹۷۷ء)۔

شاعر بھی تاریخ داں ہیں لیکن وہ شعر میں کسی کی تاریخ ولادت یا تاریخ وفات کہنے والے ''مورخین'' ہیں۔

محبوب حسین جگر

ہندوستان میں دو جگر بہت مشہور ہوئے۔ ایک علی سکندر جگر اور دوسرے محبوب حسین جگر۔ علی سکندر جگر کی شہرت ذرا زیادہ ہوئی۔ اس لیے کہ انھوں نے تخلص بھی رکھا اور اس کی خاطر شعر بھی کہے۔ جب کہ محبوب حسین جگر نے صرف تخلص رکھا۔ تخلص رکھنے کی وجہ شاید یہ تھی کہ اس کا کوئی ٹیکس ادا نہیں کرنا پڑتا تھا اور نہ یہ پابندی تھی کہ تخلص رکھا تو شعر بھی کہو۔ شعر کہنے کی انھیں اس لیے بھی ضرورت پیش آئی کہ ان کی طرف سے علی سکندر جگر نے خاصہ کلام کہہ ڈالا۔ انہوں نے اتنا کلام کہہ ڈالا کہ دونوں کے لیے کافی تھا۔ وہ زمانہ برادرانہ تعلقات کا تھا اور دو ہم تخلص لوگوں میں اتنا بھائی چارہ تھا کہ خاص طور سے شاعری کے معاملے میں کوئی غیریت نہیں برتی جاتی تھی۔ یہ تیرا وہ میرا کا سوال ہی نہیں پیدا ہوتا تھا۔ اس طرح محبوب حسین جگر فائدے میں رہے میں نے معتبر لوگوں سے سنا ہے کہ حیدر آباد کے مشاعرے میں جگر مراد آبادی کلام سناتے رہے اور جتنی بھی داد انہیں ملی اس کے جواب میں

محبوب حسین جگر سلام کرتے رہے۔ جگر مرادآبادی یوں بھی اس زمانے میں ڈوب کر کلام سناتے تھے اس لیے انہیں شاید خبر بھی نہیں ہوئی کہ داد کون سمیٹ رہا ہے/ ایسے مستغنی شاعر اب کہاں ہیں/ مانگ مانگ کر داد حاصل کرتے ہیں اور اپنا مقابلہ موسیقاروں سے کرتے ہیں کہ میں ان کے مقابلے میں زیادہ مقبول ہوں۔ جن سے اپنا مقابلہ کرتے ہیں ان کی صنف بھی نہیں دیکھتے/ جس زمانے کا یہ واقعہ ہے اس وقت سنہ شاید ۱۹۴۰ء یا ۱۹۴۱ء رہا ہوگا۔ محبوب حسین جگر جامعہ عثمانیہ کے طالب علم تھے اور چوں کہ جامعہ عثمانیہ سارے ہندوستان میں پہلی اردو یونیورسٹی تھی اس لیے اس یونیورسٹی کے طالب علموں کو اجازت تھی کہ جس شاعر کا کلام پسند آئے اسے اپنا سمجھ کر داد حاصل کریں لیکن محبوب حسین جگر نے اس رعایت کا فائدہ صرف ایک ہی بار اٹھایا۔ جگر مرادآبادی اس کے بعد بھی کئی مرتبہ حیدرآباد آئے۔ انھوں نے مشاعرے بھی پڑھے۔ محبوب حسین جگر بھی ان مشاعروں میں موجود تھے لیکن شاید انھیں معلوم ہوگیا تھا کہ جگر مرادآبادی اب ڈوب کر شعر نہیں سناتے ہیں۔ دونوں محتاط ہوگئے تھے۔

محبوب حسین جگر سے میری پہلی ملاقات جامعہ عثمانیہ ہی کے اقامت خانہ میں ہوئی۔ میں اورنگ آباد انٹرمیڈیٹ کالج کے سال اول کا طالب علم تھا اور آرٹس کالج کے افتتاح کی تقریب کے موقع پر جو بین الکلیاتی تقریری مقابلہ منعقد ہوا تھا اس میں اورنگ آباد کالج کے نمائندے کی حیثیت سے حیدرآباد آیا تھا۔ ابراہیم جلیس گلبرگہ کے کالج کے نمائندے تھے لیکن میری شاید ان سے ملاقات نہیں ہوئی تھی۔ محبوب حسین جگر اسی ہاسٹل میں تھے اور اس تقریری مقابلے کے نگراں کار تھے۔ اصل مقابلے سے ایک دن پہلے انھوں نے میرا امتحان لیا اور ہاسٹل میں ایک ریہرسل مقابلہ منعقد کیا۔ میری تقریر انہیں اتنی پسند آئی کہ انھوں نے شاید اعلان کر دیا کہ اصل مقابلہ میرے ہی ہاتھ رہے گا۔ دوسرے دن جب مقابلہ ہوا مجھ پر کافی ہوٹنگ ہوئی۔ ہوٹنگ تو دوسروں پر بھی ہوئی لیکن جو زیادہ دیر تک ڈٹا رہا اسی نے مقابلہ جیتا۔ یہ ثابت قدمی کا انعام تھا تقریر کا نہیں کیونکہ تقریر تو کسی کی سنائی ہی نہیں دی۔ محبوب حسین جگر نے اس دن بھی مجھے مبارکباد دی۔ اس واقعے کو نصف صدی اور دو سال ہوگئے ہیں لیکن اس کی یاد اب بھی تازہ ہے۔ ان کی اس مبارکباد کا نتیجہ یہ ہوا کہ بعد

میں میں نے کسی تقریری مقابلے میں حصہ نہیں لیا۔ (سامعین بھی ہاتھ ملتے رہ گئے۔)

محبوب حسین جگر اور عابد علی خاں میں اسی زمانے میں دوستی ہوئی۔ حالانکہ عابد علی خاں اقامت خانہ میں نہیں رہتے تھے لیکن ان دونوں کی دوستی کا شہرہ دور دور تک تھا اور اس کی مثال دی جاتی تھی اور عابد علی خاں نے جب روزنامہ سیاست جاری کیا تو اس وقت ان کے دست راست محبوب حسین جگر ہی تھے اس وقت لوگوں کو اندازہ ہوا کہ ان کا شعر نہ کہنا سیاست کے کتنا کام آیا۔ میرا خیال ہے صحافت اس سے پہلے ہندوستان میں ان لوگوں کے ہاتھ میں رہی جو باضابطہ شعر کہتے تھے۔ مولانا ظفر علی خان، مولانا محمد علی جوہر، مولانا فضل الحسن حسرت موہانی اور مولانا عبدالماجد دریابادی سب باضابطہ شاعر تھے۔ عبدالمجید سالک بھی شاعر تھے اور جوش ملیح آبادی نے بھی ایک رسالہ 'کلیم' کی ادارت کی۔ خود حیدر آباد میں جتنے اخبار شائع ہوتے تھے ان کے مدیر شاعر بھی تھے۔ نائب مدیر بھی شاعر تھے۔ صرف سیاست وہ اخبار تھا جس کے مدیر اور منتظم دونوں غیر شاعر تھے۔ عجیب بات ہے کہ اس اخبار کی وجہ سے حیدر آباد میں سیاست کا مشاعرہ پیدا ہوا اور وہ آج بھی زندہ ہے۔ ہندوستان کی تاریخ میں ''سید برادران'' کا نام اسلئے مشہور ہے کہ یہ بادشاہ نہیں تھے لیکن بادشاہ گر تھے۔

محبوب حسین جگر کو میں نے دفتر سیاست میں کبھی سیدھی کرسی پر بیٹھے نہیں دیکھا۔ ان کی کرسی کا زاویہ ہمیشہ کج رہا۔ ہوسکتا ہے وہ اسے کج کلاہی قسم کی کوئی چیز سمجھتے ہوں۔ ان کی نشست کا یہ اسٹائل ہمیشہ میرے دل کو لگا۔ ساتھ بیٹھنے میں قربت کا احساس الگ ہوا (ویسے دوری کا کبھی احساس ہوا ہی نہیں) سیدھے آدمیوں کو ہمیشہ ایسی ہی کرسی پر بیٹھنا چاہیئے۔ جس کا رخ دوسری ساری کرسیوں سے مختلف ہو۔ نہ مشرق نہ مغرب، جنوب مشرق یا جنوب مغرب۔ (شمال کی سمت میں نے جگر مراد آبادی کے لیے چھوڑ دی) محبوب حسین جگر نے شاید ہی زندگی میں کبھی فاؤنٹن پین خریدا ہو۔ رف کاغذ پر لکھنے کی اتنی عمدہ مشق کسی اور کو ہوگی بھی نہیں۔ کسی طبیب نے شاید انہیں سفید کاغذ کا پرہیز بتایا تھا۔ سیاست کے دفتر میں جتنا بھی اخباری کاغذ کا کوٹہ درآمد ہوتا ہے اس کا دس فیصد تو یقیناً جگر ہی استعمال کرتے ہوں گے۔ کوئی مضمون، کوئی تحریر، کوئی خط ان کے قلم کی زد سے شاید ہی بچا ہو۔ طویل مضمون کو مختصر کرنا تو سبھی کو آتا ہے لیکن مختصر مضمون کو مختصر کرنا صرف محبوب حسین جگر

کا حصہ ہے۔ (معاوضہ کا بھی یہی قصہ ہے) عابد علی خاں سے میں نے دو چار مرتبہ ذکر بھی کیا کہ کیا آپ کو اس بات کا علم نہیں ہے کہ ہندوستان میں مہنگائی بہت ہوگئی ہے اور انھوں نے بس ایک ہی جواب دیا جگر صاحب سے کہیئے۔ یہ عجیب بات ہے کہ عابد علی خاں سے لوگ بات کر لیتے تھے۔ جگر صاحب سے بات کرنے میں یا تو ہچکچاتے یا بات کرتے وقت لکنت کا شکار ہو جاتے تھے انکے اس پہلو پر شاید لوگوں کی نظر نہ گئی ہو۔ میری بھی بہت دنوں بعد گئی۔

حیدر آباد میں بٹوہ استعمال کرنے والے اب کتنے رہ گئے ہیں۔ جامعہ عثمانیہ میں ڈاکٹر زور البتہ جب بھی کلاس میں آئے بٹوہ ان کے ساتھ رہا۔ اس کے بعد میں نے شاذ تمکنت کو بٹوے کے ساتھ دیکھا لیکن مرحوم پان کھانے کے معاملے میں بہت فیاض تھے فیاض ان معنٰی میں کہ پان کھاتے بھی تھے اور جگہ جگہ چھڑکتے بھی تھے۔ وہ پان کھائیں یا نہ کھائیں ان کا لباس بتا دیتا تھا کہ وہ پان کھاتے ہیں۔ محبوب حسین جگر کو پان کھانے کا سلیقہ تھا۔ کیا مجال جو اس کا ایک قطرہ بھی ادھر ادھر ٹپک جائے۔ عرق انفعال ان کے یہاں آیا ہی نہیں۔ اخلاق و آداب میں حیدر آباد کی روایتی کمزوریاں برقرار رہیں۔ کھڑے رہ کر گلے ملنے کی رسم ان سے چھوٹتی نہیں تھی انھیں شاید معلوم نہیں تھا کہ گلے ملنے سے فریق ثانی کو اندازہ ہو جاتا ہے کہ وہ کتنے دبلے ہو گئے ہیں۔ دبلا ہونا بری بات نہیں ہے لیکن اس کی کوئی حد ہونی چاہیئے۔ ایک بات بہر حال یہ اچھی ہے کہ ان کی کم سخنی نے انہیں گوشہ نشینی پر راغب نہیں کیا۔

محبوب حسین جگر بے حد نکتہ سنج شخص تھے۔ اتنی باریک بینی سے مضامین اور نظموں کا مطالعہ کرتے تھے کہ حرفوں کے نقطے تک ان کی نظر میں رہتے تھے۔ اگر 'ش' پر انھیں ایک نقطہ کم دکھائی دیتا تھا تو وہ نقطہ نہیں لگاتے تھے اس لفظ ہی کو تحریر سے جدا کر دیتے تھے اور مضمون خود بخود مختصر ہو جاتا تھا۔ ان کی اس عادت کا ہر شخص کو علم تھا کہ وہ کاغذ اٹھانے سے پہلے قلم اٹھاتے تھے۔ تصحیح پہلے کرتے تھے مضمون کا مطالعہ بعد میں۔ جب تک مطمئن نہیں ہو جاتے دوسرا پان نہیں کھاتے تھے۔

اکثر صحافی اپنے لیے اعلیٰ درجے کے قلم کا انتخاب کرتے تھے بلکہ بعض صحافی تو صرف اچھے اچھے قلم جمع کرنے کے شوقین ہوتے ہیں۔ یہ قلم دشمن صحافی ہوتے ہیں۔ محبوب

حسین جگر نے ہمیشہ لوگوں کے نتیجہ، قلم کو اہمیت دی اور یہ دیکھا کہ اس میں ''فکر'' کا عنصر ہے یا نہیں اور اسے نتیجہ فکر کہا جا سکتا ہے یا نہیں۔ اتنی فکر کرتے کسی صحافی کو کم سے کم میں نے نہیں دیکھا۔ ان کے بس میں نہیں تھا ورنہ وہ اخبار کا نام بھی سیاست کی بجائے ''صحافت روزنامہ'' کر دیتے۔

متحرک علی سردار جعفری

یہ خاکہ ۱۹۸۴ میں لکھا گیا۔ اس وقت صاحب خاکہ صرف متحرک تھے اس خاکے کے مطالعہ کے بعد مزید متحرک ہو گئے اور ان کی فتوحات کا سلسلہ آج بھی برقرار ہے۔

وہ یقیناً کوئی قبولیت کی گھڑی تھی جب ان کا نام علی سردار جعفری رکھا گیا۔ سردار تو انھیں بننا ہی تھا لیکن جس قبیلے کی سرداری ان کی قسمت میں لکھی تھی اس میں صرف نظم ونثر کا رواج تھا نظم وضبط کا نہیں۔ دنیا میں کئی شعبہائے حیات ہیں اور ہر شعبۂ حیات میں ایک سردار بہر حال درکار ہوتا ہے۔ بعض شعبوں میں سردار بننا آسان بھی ہے اور ایک منفعت بخش فعل بھی مثلاً اہل سیاست کے گروہ کی سرداری اس لیے آسان ہے کہ اس میں سب ایک ہی نمونے کے لوگ ہوتے ہیں۔ یوں سمجھئے ایک ہی تھیلی کے چٹے بٹے ہوتے ہیں (اس میں تھیلی کا لفظ اہم ہے۔ اب تو یہ جادو کی تھیلی ہوتی جا رہی ہے) ڈاکوؤں کی سرداری اس سے بھی زیادہ آسان ہے کیونکہ اس قبیلے میں جو زبان استعمال ہوتی ہے اس کا نام بندوق ہے

۔اور ان کے ہاں بس ایک ہی کوڈورڈ ہے...... ٹھائیں...... یہ آخری آواز ہے جو وہ سنتے ہیں۔اسی لیے دیکھا گیا ہے کہ مستورات بھی ڈاکوؤں کی سردار بن جاتی ہیں۔عورتوں کا نشانہ یوں بھی کب خطا ہوا ہے۔سردار بن کر وہ اتنی کامیاب ہوتی ہیں کہ جب یہ اپنے کاروبار سے کنارہ کش ہونے کا اعلان کرتی ہیں تو سرکاری سطح پر ایک شان دار تقریب منعقد ہوتی ہے اور انھیں باضابطہ ایک شال اُڑھائی جاتی ہے۔ان مثالوں کے برعکس شاعروں اور ادیبوں کے سردار کو ہمیشہ سردار رہنا پڑتا ہے۔

میدان شعروادب میں جو بھی علَم بردار ہوتا ہے اس کی الم نصیبی کی وجہ اصل میں یہ ہوتی ہے کہ اس میدان میں معرکے ذرا زیادہ ہوتے ہیں۔مانا کہ یہ گھمسان نہیں ہوتے لیکن تعداد ان کی زیادہ ہوتی ہے کیونکہ ادب کا میدان کوئی پانی پت کا میدان تو ہے نہیں کہ جملہ تین لڑائیوں کے بعد اس پر "داخلہ بند" ہے کی تختی لگ جائے اور مورخین پریشان ہوں کہ اب کیا لکھا جائے۔

علی سردار جعفری پچھلے ۵۰ سال سے اس دشت کی سیاحی میں مصروف ہیں۔ان کا جی راہ کو پر خار دیکھ کر بھی خوش ہوا ہوگا اور انھیں نخلستان بھی کچھ کم نہیں ملے ہوں گے (ہم خرما و ہم ثواب کے لیے نخلستان بہترین جگہ ہوتی ہے) علی سردار جعفری اپنی ۵۰ سالہ سیاحت کے باوجود آج بھی اتنے ہی فعال، متحرک اور مستعد ہیں جتنے کہ وہ اس وقت تھے جب وہ علیگڈھ یونی ورسٹی اور لکھنو یونی ورسٹی کے طالب علم تھے اور انھیں ان یونیورسٹیوں سے خارج اور جیل میں داخل کیا گیا تھا۔شمالی ہند کی گرمی نے نہیں، انھیں کسی اور چیز نے سرگرم بنادیا تھا۔

۱۹۴۵ء میں جب حیدرآباد میں ترقی پسند مصنفین کی پہلی کانفرنس منعقد ہوئی تھی تو جعفری صاحب بھی حیدرآباد آئے تھے اور انھیں دیکھنے اور سننے کے لیے لوگ اسی طرح جمع ہوئے تھے جس طرح سروجنی نائیڈو اور ارونا آصف علی کو سننے کے لیے جمع ہوتے تھے۔میرے بیان میں مبالغہ اس لیے نہیں ہے کہ لوگ اس سے بھی زیادہ تعداد میں جمع ہوئے تھے۔ترقی پسندی اس وقت ایک نودمیدہ شے تھی اور حیدرآباد کے لیے ایک عجوبہ۔اس کانفرنس کی کامیابی سے متاثر ہو کر کرشن چندر نے اپنا مشہور رپورتاژ "پودے" لکھا

تھا۔جعفری صاحب کو شاید یاد نہ ہو کہ اس موقعے پر ہم چند ''لڑکوں'' نے وہاں ایک یوم نظیر اکبر آبادی بھی منایا تھا اور میں نے جعفری صاحب سے اس جلسے میں تقریر کرنے کی فرمائش کی تھی تو انھوں نے کہا تھا کہ نظیر پر میری نظر اچھی نہیں ہے اس لیے میں جلسے میں تو ضرور آؤں گا لیکن تقریر نہیں کروں گا...... گو اس وقت ہم نے ان کے انکار کا برا مانا تھا لیکن بعد میں جب بھی میں نے ان کے عذر پر غور کیا تو محسوس ہوا کہ جعفری صاحب شروع ہی سے محتاط اور ذمہ دار قسم کے شخص تھے حالانکہ ادب میں ایسی کوئی پابندی نہیں ہے۔اسٹیج پر چڑھنے اور مائیکروفون کی طرف دوڑنے کی جعفری صاحب نے کبھی ہوس نہیں کی۔

(اسے شاید انھوں نے بوالہوسی سمجھا) لیکن جب بھی اور جہاں بھی انھیں محسوس ہوا کہ یہ انکا حق ہے وہاں انھوں نے انکار یا انکسار کو راہ میں حائل نہیں ہونے دیا۔ان کے اس متوازن مزاج کا میں نے ایک دن انصاف کے ترازو سے مقابلہ کیا تو دونوں ایک سے نظر آئے۔افسوس اس کا ہے کہ خود جعفری صاحب کو اس قسم کے تقابلی مطالعوں کی فرصت نہیں ملی ورنہ ان کی بھی وہی رائے ہوتی جو میری ہے۔البتہ اس وقت میں ضرور تذبذب میں مبتلا ہو جاتا ہوں جب کوئی پوچھتا ہے کہ جعفری صاحب بڑے نقاد ہیں یا بڑے شاعر۔یا بڑے مقرر۔پھر میں سوچتا ہوں کہ جعفری صاحب کی شخصیت کے حصے بخرے کیے ہی کیوں جائیں۔وہ کوئی جرمنی، کوریا، فلسطین تو ہیں نہیں کہ کچھ ادھر بانٹ لیا اور کچھ ادھر۔شخصیت ایک اکائی ہوتی ہے اور اکائی کو توڑا جائے تو وہ دہائی دے گی بدھائی نہیں۔اس لیے میں نے انھیں ہمیشہ تھری ڈائمنشن پکچر اور ملٹی پرپز انسٹی ٹیوٹ سمجھا اور آپ ہی بتائیے کیا غلط سمجھا۔ان کی ایک خوبی یہ بھی ہے کہ ان کی لائبریری میں دنیا بھر کی کتابیں موجود ہیں لیکن خود ان کی اپنی کتاب ان کے ہاں نہیں ہے۔یہ بات میں اس لیے کہہ رہا ہوں کہ کوئی دس بارہ سال پہلے جعفری صاحب نے اپنی ''پیراہن شرر'' مجھے عنایت کی تھی پچھلے سال واپس طلب کر لی اور اس کے بعد مجھے اس کتاب کی صورت دیکھنا نصیب نہ ہوا۔دستِ سوال میں نے اس لیے دراز نہیں کیا کہ اس معاملے میں لوگوں میں اختلاف رائے ہے۔کچھ لوگ کہتے ہیں کتاب پر مصنف کا حق ہمیشہ برقرار رہتا ہے اور مصنف جب چاہے اپنی کتاب اس شخص سے حاصل کر سکتا ہے جسے اس نے غلطی سے یہ کتاب تحفے میں دی ہو۔اس سلسلے میں مجھے یہ بھی

کہتا ہے کہ جعفری صاحب نے ایک مرتبہ مجھ سے فرمایا تھا کہ وہ دیوان حافظ کا ایک نسخہ مجھے عنایت فرمائیں گے لیکن انھیں شاید کسی ذریعے سے یہ اطلاع مل گئی کہ مجھے فارسی آتی جاتی نہیں ہے تو انھوں نے اپنے الفاظ واپس لے لیے/ ایسا معلوم ہوتا ہے وہ اپنی کوئی چیز میرے پاس رہنے نہیں دینا چاہتے۔ الفاظ بھی نہیں۔

جعفری صاحب نے اپنی کتابیں تو خیر پیدا کی ہی ہیں لیکن کبیر، میر اور غالب پر جو کام انھوں نے کیا ہے اس کے بارے میں کہا جا سکتا ہے

جو کام کیا ان نے وہ رستم سے نہ ہوگا

انکا یہ کام بدقسمتی سے کسی بھی اعلا درجے کے محقق، مولف اور تنقید نگار کے کام سے کم نہیں ہے۔ یہ اور بات ہے کہ ہمارے ہاں ایسے کاموں پر ڈاکٹریٹ کی ڈگریاں نہیں دی جاتیں۔ یہ تینوں کتابیں جو اردو اور ہندی، مشترکہ ایڈیشن ہیں اب نایاب ہیں۔ اور سنا ہے خود جعفری صاحب ان کی تلاش میں ہیں۔ مجھے چونکہ پڑھنے کا نہ سہی کتابیں جمع کرنے کا شوق ہے اس لیے یہ تینوں کتابیں میرے پاس موجود ہیں لیکن میں نے جعفری صاحب سے اس کا ذکر نہیں کیا ہے۔ میرے لیے ایک کتاب کا صدمہ بہت کافی ہے۔

جعفری صاحب کی تصنیف ''لکھنؤ کی پانچ راتیں'' صرف اس لیے نہیں پڑھنی چاہیے کہ یہ بڑی کافرادا کتاب ہے بلکہ اس لیے بھی پڑھنا چاہیے کہ اس میں ان کے بہت سے دل کش اور دل خراش اعترافات بھی ہیں۔ یہ روسو کی طرح کے کنفیشن تو نہیں ہیں لیکن کیونکہ ہمارے ہاں وہ لباس رائج ہے جس کا الٹا اور سیدھا ہوتا ہے۔ جعفری صاحب نے اپنے بھاگنے کی عادت کا ذکر ان الفاظ میں کیا ہے ''یہ بڑا ایماندار، مذہب کا پابند اور پرہیزگار خاندان تھا اسی لیے مجھے چھوٹی عمر میں سلطان المدارس لکھنؤ میں داخل کر دیا گیا کہ مولوی بن جاؤں گا تو خاندان کی عاقبت سدھر جائے گی لیکن طبیعت کی آزادروی نے اس سعادت سے محروم کر دیا اور میں لکھنؤ سے تین بار بھاگا اچھا ہوا کہ جعفری صاحب اس لڑکپن کے زمانے میں بھاگ کر بمبئی نہیں آئے۔ وہ ایک مرتبہ بمبئی آجاتے تو انھیں تین بار بھاگنے کا موقع نہ ملتا۔ لیکن انھیں بہر طور بمبئی آنا تھا کیونکہ ہندستان میں ہر وہ شخص جو گھر سے ایک مرتبہ بھی بھاگتا ہے زندگی کے کسی نہ کسی مرحلے پر بمبئی آتا ہی ہے۔ اور یہ بھی اچھا ہوا کہ وہ مولوی نہیں

بنے ورنہ آج وہ بھی رویت ہلال کے معاملے میں پیچیدگی پیدا کرتے پائے جاتے۔ کسی شاعر نے کیا خوب کہا ہے

ہلال عید ہماری ہنسی اڑاتا ہے۔

اس مصرع کا مطلب اب ہماری سمجھ میں آیا کہ وہ کیوں ہماری ہنسی اڑاتا ہے۔

اس کتاب میں ایک اور مضمون شامل ہے، جس میں جعفری صاحب نے اس بات کا بھی اعتراف کیا ہے کہ جب انھیں ان کے باغیانہ خیالات کی روشنی میں گرفتار کیا گیا تو ان کی جیب میں وہ خط بھی تھا جو ایک لڑکی نے انھیں لکھا تھا۔ جعفری صاحب اس وقت لکھنو یونی ورسٹی میں ایم۔اے کے طالب علم تھے اور یہ عمر ظاہر ہے ایسے ہی خطوں کے وصول کرنے کی ہوتی ہے۔ (ایسے خطوں میں کیسے کیسے خطوط واضح نہ ہو جاتے ہوں گے)۔ میں نے ''ایک خواب اور'' میں کم سے کم تین نظمیں ایسی دیکھیں جو میرے حساب سے اس پردہ نشین کے بارے میں ہیں جس کا خط ان کی گرفتاری کے بعد جیلر کے ہاتھ پڑ گیا تھا اور جسے بعد میں مجاز نے اپنی نظمیں سنا کر واپس حاصل کیا تھا...... کیا زمانہ تھا جیلر رشوت میں نظمیں سنا کرتے تھے۔ جعفری صاحب کی جیل میں بڑی آؤ بھگت بھی ہوئی اور صرف اس لیے کہ جیلر نے انھیں کسی کرنل جعفری کا داماد سمجھ لیا تھا اور سی کلاس سے فوراً بی کلاس میں منتقل کر دیا تھا۔

جعفری صاحب خوش قسمت تھے مجرد ہوتے ہوئے بھی وہ ان مراعات کے مستحق قرار پائے جو صرف دامادوں کے لیے ہوا کرتی ہیں۔ (پتا نہیں یہ سلسلہ کب تک اور کہاں تک جاری رہا)۔

اسی کتاب کے ایک مضمون میں جعفری صاحب نے یہ بھی بتایا ہے کہ ایک مرتبہ وہ سبط حسن اور مجاز لکھنو کی سڑکوں پر گھنٹوں اس لیے پیدل چلتے رہے کہ ان تینوں کی جیبوں میں جملہ دو آنے تھے اور کوئی بھی تانگہ والا دو آنے میں تین سواریاں قبول کرنے پر رضامند نہیں تھا۔ ایک نے تو کہا بھی کہ میاں کیوں مذاق کرتے ہو۔ جعفری صاحب کی جیب میں ایک اکنی تھی لیکن کھوٹی تھی۔ اچھا ہوا کہ وہ نہیں چلی۔ جعفری صاحب نے بعد میں کھرے سکے ہی چلائے۔ یہ کتاب یعنی لکھنو کی پانچ راتیں آپ کو مل جائے تو مجھے یقین ہے آپ اسے پانچ بار ضرور پڑھیں گے۔ اس کے شروع کے جملے ہیں۔

''مجھے انسانی ہاتھ بہت خوبصورت معلوم ہوتے ہیں۔ (جب میں نے پہلی بار یہ جملہ پڑھا تو انسانی ہاتھ کی بجائے نسوانی ہاتھ پڑھ گیا)۔ ان کی جنبش میں ترنم ہے اور خاموشی میں شاعری۔ ان کی انگلیوں سے تخلیق کی گنگا بہتی ہے۔'' انھیں حسین جملوں کو جعفری صاحب نے بعد میں نظم کیا اور یہ نظم، دھنک کے رنگوں کا لباس پہن کر ایک ترانہ بن گئی۔ اپنی نظم ''ان ہاتھوں کی تعظیم کرو'' میں ظاہر ہے شاعر نے جن ہاتھوں کی تعظیم کا مشورہ دیا ہے۔ وہ صرف دستِ شفا ہیں، دست قضا نہیں لیکن مشکل یہ ہے کہ اب اس کوالٹی کے ہاتھ، ہاتھ نہیں آتے اسی لیے شاید شاعر کو کہنا پڑا۔

راستے بند ہیں سب کوچہ، قاتل کے سوا۔

ہاتھوں کی ایک اور قسم ہے جس کی طرف شاعر اشارہ کرتا ہے۔

وہ جو ہتھیار لیے آئے ہیں سب دشمن ہیں
جس نے ہتھیار دیے وہ بھی تو دشمن ہوگا
آج ہی کل میں مگر آنے کو ہے روزِ حساب
دستِ فریاد میں کس کس کا نہ دامن ہوگا

جعفری صاحب کی یہ کتاب یعنی ''لکھنؤ کی پانچ راتیں'' ان کی اپنی اور ان کے دوستوں کی دیوانگی، مستی اور خردمندی کی تاریخ ہے۔ ''یادوں کی بارات'' کی طرح ضخیم نہ ہوتے ہوئے بھی اس میں ڈھیروں سامان ہے۔ دوستوں کا ذکر تو وہ اس محبت سے کرتے ہیں جیسے کسی معشوق کے بارے میں شعر کہہ رہے ہوں۔ مخدوم محی الدین، جن کا وہ آج بھی بار بار ذکر کرتے ہیں۔ کے بارے میں لکھا ہے ''اور یہ مخدوم مُحی الدین ہے، حیدر آباد کا انقلابی سنگ اسود سے تراشا ہوا، آبنُوسی چہرہ، بلند پیشانی، مسکراہٹ میں گرم جوشی اور باتوں میں بے انتہا یقین اور اعتماد ترنم بے پناہ ہے جس میں صرف نشاط ہی نشاط ہے...... انقلاب اور رومان کے دوراہے پر کھڑا ہوا انتظار رہا ہے، کہنا مشکل ہے کہ یہ دکن کی کسی سانولی سلونی محبوبہ کا انتظار کر رہا ہے یا ہندوستان کی آزادی کا''۔

اور پھر اس کتاب میں وہ مضمون بھی شامل ہے جو مجاز کی دردناک موت سے متعلق ہے۔ عنوان ہے ''ہم پر ہے ختم شامِ غریبان لکھنؤ'' یہ مجاز مرحوم ہی کا حصہ ہے اور پورا شعر اس

کی قبر پر لکھا ہوا ہے۔

اب اس کے بعد صبح ہے اور صبح نو مجاز ☆ ہم پر ہے ختم شام غریبان لکھنو

جعفری صاحب شاید یہ روداد نہ لکھ سکتے لیکن چونکہ انھوں نے اپنی شاعری کی ابتدا (انیس سے متاثر ہوکر) مرثیے لکھنے سے کی تھی اس لیے وہ مجاز کی یہ داستان لکھ سکے۔ اس المیے کا آخری پیراگراف دیکھئے۔

''گھر واپس نہ پہنچنا مجاز کی برسوں پرانی عادت تھی۔ اس کی ماں روز رات کو اس کے بستر کے سرہانے ایک میز پر کھانا قینچی، سگریٹ کی ایک ڈبیا اور اٹھنی رکھ دیتی تھیں تا کہ مجاز کسی عالم میں آئے اور اسے تکلیف نہ ہو۔ رکشا والے بھی واقف تھے اور وہ اکثر مجاز کو گھر پہنچا کر بستر پر لٹا دیتے تھے اور سرہانے رکھی ہوئی اٹھنی اٹھا لے جاتے تھے۔

آج جب ہم اس کی لاش لے کر اس کے گھر پہنچے تو چار پائی کا رخ بدلا ہوا تھا سرہانے میز پر کھانا نہیں تھا۔ تکیے کے پاس قینچی سگریٹ کی ڈبیا اور اٹھنی بھی نہیں تھی۔ پلنگ کے پاس زمین پر بیٹھی ہوئی بوڑھی ماں اس کا انتظار کر رہی تھیں۔ برسوں کا کھویا ہوا بیٹا گھر واپس آ گیا تھا ہمیشہ کے لیے''

یہ ۵/ دسمبر ۱۹۵۵ء کی رات کی داستان ہے اور اسے لکھنے کے لیے جعفری صاحب کو پورے ۹/ سال تک جبر کرنا پڑا۔

داستان رنج اور غم کی ہو یا وھسکی اور رم کی، جعفری صاحب کے قلم سے نکلی ہوئی ''تخلیق کی گنگا'' سبک رفتاری برقرار رکھتی ہے۔ ان کا قلم ہماری ریلوں کی طرح رک رک کر نہیں چلتا۔ ثبوت میں یہ جملے حاضر ہیں۔

''اس غزل نے محفل کو اور ہی رنگ دے دیا۔ زہرہ جبینوں اور نازک بدنوں کے نام کا جام کون نہیں پینا چاہے گا اور اب مخدوم کی آواز تنہا نہیں تھی۔ سریلی اور بے سری آواز میں سب مل گئیں...... ہملوگ سب سے بے نیاز، حافظ شیرازی کے لفظوں میں حسینوں کے جام صحت پیتے رہے۔ نہ جانے کس کے دل میں کون سا حسین جھانک رہا تھا'' (اپنی بات تو یہ بتا ہی سکتے تھے)۔

حق پر رہنے کی ایک ترکیب یہ بھی ہے کہ دوستوں کا حق ادا کیا جائے اور کما حقہ ادا

کیا جائے۔حساب دوستاں دردل کی بات تو ٹھیک ہے لیکن حقوق دوستاں کے معاملے میں بھی دل کو زحمت دینی چاہیے۔سکندر علی وجد مرحوم کی دوستی کا حق ،جعفری صاحب نے کس طرح ادا کیا وہ میں جانتا ہوں۔عالم خوندمیری کے لیے بھی وہ کافی پریشان تھے اور بہت کچھ کرنا چاہتے تھے (لیکن وقت بہت کم تھا) جعفری صاحب ہمیشہ کچھ نہ کچھ کرتے ہی رہتے ہیں اسی لیے میں نے مضمون کے شروع ہی میں کہا تھا کہ وہ بے حد فعال اور متحرک قسم کے آدمی ہیں۔لفظ متحرک کی صحیح کیفیت ممکن ہے آپ پر واضح نہ ہو سکی ہو۔انھیں آپ جب بھی کسی محفل میں دیکھیں گے متحرک ہی پائیں گے۔اس لیے کہ وہ اپنے سر کے منتشر بالوں کو از سر نو منتشر کرنے کے لیے کافی حد تک متحرک رہتے ہیں۔انگلستان کے ایک لسان پارلیمنٹیرس لارڈ برک کے متعلق مشہور ہے کہ وہ تقریر کرتے وقت ہمیشہ اپنے کوٹ کے بٹن کو سہلاتے رہتے تھے اور جیسے جیسے ان کی تقریر کی رفتار بڑھتی جاتی تھی۔اسی رفتار سے ان کی انگلیاں کوٹ کے بٹن سے اٹکھیلیاں کرتی رہتی تھیں اور ایک تقریر کے دوران جب ان کا یہ محبوب بٹن داغ مفارقت دے گیا تو لارڈ برک آگے تقریر نہیں کر سکے۔مصنوعی اور حقیر چیزوں پر اعتبار کرنے کا یہی نتیجہ ہوتا ہے۔جعفری صاحب نے اپنی مصروفیت کے لیے اچھی چیز کا انتخاب کیا ہے۔اپنے بالوں میں جس احتیاط اور جس محبت سے وہ انگلیاں پھیرتے ہیں اس سے اندازہ ہوتا ہے کہ نہ ہم سمجھے نہ آپ آئے کہیں سے والی بات ہوگی۔

سرینواس لاہوٹی

کئی دنوں سے تشویشناک خبریں آرہی تھیں۔ حیدر آباد سے جو بھی آتا یہی کہتا لاہوٹی کی حالت اچھی نہیں ہے۔ ۱۳؍ مئی کو خلیق انجم حیدر آباد سے ہوتے ہوئے بمبئی آئے تو انہوں نے بھی دوٹوک بات کہی۔ اور آخر کار ۲۹؍ مئی کو اردو کے دیوانے بلکہ عاشق جاں باز، دوست، یاری کے معنی اور مفہوم سمجھنے اور اسے اپنا وظیفہ جات بنانے والے طائر لاہوٹی نے اس عالم ناسوت کو خیر باد کہہ دیا۔ سری نواس لاہوٹی، حیدر آبدی تہذیب کی نہایت فعال، پرجوش اور چلتی پھرتی علامت تھے، حسینی شاہد مرحوم کے انتقال کے چند ہی مہینوں بعد سری نواس لاہوٹی کی وفات اس بات کا ایک اور ثبوت ہے کہ اردو کے اچھے دن ختم ہورہے ہیں۔

سری نواس لاہوٹی کی سارے دوستوں سے گالی گلوچ کی دوستی تھی۔ نہایت بے تکلف، بے ریا اور بے لوث، سری نواس لاہوٹی سے میری دوستی گوکہ ۵۰ سالہ پرانی تھی لیکن اس کے تو اور

بھی بیسوں دوست تھے جنہوں نے اس کے ساتھ دار الشفاء کی گلیوں میں گولیاں کھیلی ہوں گی۔ بیر بن جا کر غلیلوں سے پرندوں کا شکار کیا ہوگا۔ اس شخص کی چہلیں آخر تک برقرار تھیں۔ کوئی دو سال پہلے جب پربھنی میں جشن سرینواس لاہوتی منایا گیا تو یہ بے خوش و خرم، نہایت نفیس شیروانی میں ملبوس، اس تمکنت کے ساتھ جلسہ گاہ میں داخل ہوا کہ لوگوں کو اس کی ایک ہی جھلک نے بتادیا کہ ہاں یہ شخص ہے جس کا واقعی جشن منایا جاسکتا ہے۔ حیدر آباد سے دست راست اور دست چپ، دونوں یعنی راج بہادر گوڑ اور جواد رضوی ملنے والوں میں شریک تھے اور ان دونوں نے اتنی محبت اور خلوص کے ساتھ لاہوتی کی زندگی کی داستان سنائی تھی کہ لاہوتی کی آنکھیں بھیگ گئی تھیں۔ اس جلسے کے چند ہی مہینے بعد مالیگاؤں میں حسرت موہانی سیمینار منعقد ہوا مالیگاؤں کے اہل ذوق لاہوتی کو سننے اور دیکھنے کے ہمیشہ مشتاق رہے۔ اس جلسے میں شریک رہے۔ مقالہ پڑھا اور تالیاں پٹوائیں۔ اپنے مقالے میں حسرت موہانی کے جیل جانے اور رہائی پانے کے جو سنہ انہوں نے لکھے تھے ان میں ترمیم کی گنجائش تھی لیکن وہ اپنے ہی لکھے پر اٹل رہے۔ یہ ان کی خود اعتمادی تھی۔ وہ معلوم نہیں کس طرح پرانے پرانے کاغذات، دیمک خوردہ کتابیں روشنائی سے محروم اخبار کے تراشے، رنگ و روغن سے بے نیاز تصویریں حفاظت سے رکھا کرتے تھے اور شاید انہیں یاد بھی رہتا تھا کہ کون سا کاغذ کہاں رکھا ہے۔ چٹکی بجاتے اور وہ کاغذ نکال لیتے۔ مجھے تو آرکائیوز ڈپارٹمنٹ کے آدمی معلوم ہوتے تھے۔ حکومت نے ان کی اس خوبی سے فائدہ نہیں اٹھایا۔ دو چار صدی پرانے گزٹ ان کی تحویل میں دئے جاتے تو کاغذ کا ایک پرزہ بھی ضائع نہ ہونے پاتا اور ایسا نہیں ہے کہ وہ صرف عہد عتیق کے آدمی تھے۔ وہ مطالعے کے معاملے میں بے حد فضول خرچ آدمی تھے۔ کوئی بھی تازہ تصنیف خواہ شاعری ہو یا تذکرہ، سفرنامہ ہو یا شررنامہ، وہ اسے نہ صرف پڑھتے تھے بلکہ اس پر تبصرہ کرنا بھی اپنا فرض عین سمجھتے تھے۔ ہر مصنف سے انہیں غیر معمولی ہمدردی تھی اور وہ سمجھتے تھے کہ اس نے جو کتاب تصنیف کی ہے وہ انہی کے تبصرے کے لئے تصنیف کی ہے۔ جن لوگوں کے ساتھ انہوں نے زندگی گذاری تھی ان کے واقعات انہیں زبانی یاد تھے اور جب وہ کسی صحبت میں ان کی رننگ کنٹری دیتے تو ایسا معلوم ہوتا ویڈیو کیسٹ لگا ہو۔ سروجنی نائیڈو، حسرت موہانی، قاضی عبدالغفار، ان کے

محبوب اور پسندیدہ موضوع تھے۔ کسی بھی پرانے مشاعرے کی روداد سنی ہو تو انہیں اک ذرا چھیڑیئے پھر دیکھیئے کیا ہوتا ہے کی بات تھی۔ یہ رواں ہو جاتے اور پھر کسی کے روکے نہ رکتے شاعروں میں میکش اور مخدوم ان کے کلام الملوک اور ملوک الکلام تھے۔ سری نواس لاہوٹی کو اختصار کے معنی معلوم نہیں تھے جو بات بھی کہتے تفصیل سے کہتے ۔ان کا خیال تھا کہ جزئیات کے بغیر آدمی کلیات تک کیسے پہنچ سکتا ہے۔ انشاء پردازوں نے اپنی تحریروں میں جزئیات نگاری کی ہوگی۔ سری نواس لاہوٹی کی گفتگو جزئیات بیانی کا نمونہ ہوتی تھی۔ میں نے انہیں جلسوں میں تقریر کرتے سنا ہے۔ اہم انتظامی اور عمومی امور پر بحث کرتے سنا ہے۔ خانگی محفلوں میں گفتگو کرتے سنا ہے۔ سری نواس لاہوٹی کے جوش وخروش کا والیوم ہر جگہ یکساں رہتا تھا۔ دوستی کے معاملے میں جس طرح وہ قلبی وابستگی کے قائل تھے اتنی ہی والہانہ دلچسپی وہ اپنے موضوع ،نقطہ ،نظر ،محبت اور ''کام'' سے رکھتے تھے۔

میں سری نواس لاہوٹی کی بیٹی کی شادی میں اپنی خواہش کے باوجود شریک نہیں ہو سکا لیکن معلوم ہوا اور سب جانتے ہیں کہ یہ تقریب اردو کی ایک تہذیبی تقریب تھی اور اس موقعہ پر اردو کے بچھڑے دوستوں کو ملاقات کا موقعہ ملا تھا اور اس تقریب میں پورا شہر سمٹ آیا تھا۔ شادی کے کچھ ہی دن بعد جب میں حیدرآباد گیا اور ان کے گھر پر مبارکباد دینے پہنچا تو سری نواس لاہوٹی نے جس خوشی اور مسرت کا اظہار کیا اس کا نقش میرے دل پر ہے۔ وہ تھے ہی محبت کے آدمی۔ بمبئی جب بھی آئے آکر ضرور ملے۔ ملاقات کا موقعہ نہیں ملا تو فون پر اتنی دیر باتیں کرتے رہے کہ فون کٹ جاتا۔ یہ ان کا معمول تھا۔ ایک مرتبہ علی سردار جعفری کے گھر میں مل گئے۔ جعفری صاحب کے مکان میں مہمانوں کی گنجائش نہیں ہے لیکن انہوں نے سری نواس لاہوٹی کو کہیں اور نہیں ٹھہرنے دیا۔ اپنی جڑوں سے جڑے ہوئے لوگ ایسے ہی ہوتے ہیں۔

سری نواس لاہوٹی نے ہر کسی کے ساتھ وفاداری بتائی۔ جیب الرحمٰن صاحب کے تو وہ پرستار تھے۔ اگر جیب الرحمٰن صاحب کراچی کی بجائے کسی اور شہر میں منتقل ہوتے تو شاید سری نواس لاہوٹی بھی وہاں منتقل ہوتے حالانکہ سری نواس لاہوٹی کے وہاں بھی اتنے چاہنے والے موجود ہیں کہ انہیں اپنے محلے دارالشفاء کی کمی محسوس نہ ہوتی۔ سری نواس لاہوٹی

کوحیدر آباد سے وہی محبت تھی جس محبت کا یہ شہر بھاگیہ نگر یادگار ہے۔

سری نواس لاہوٹی شاید بہت زیادہ مذہبی آدمی نہ رہے ہوں گے لیکن اس کی ضرورت بھی نہیں تھی کیوں کہ محبت خود ایک مذہب ہے۔اور لاہوٹی نے فیض احمد فیض کی طرح دو عشق کئے۔لاہوٹی صاحب کی یہ دو محبوبائیں تھی سرزمین حیدر آباد اور زبان اردو۔ایک اس کے لئے بھاگ متی تھی اور دوسری روپ متی۔

عالی جعفری کی یاد میں

بعض لوگوں کا نام یا تو ایسے اتفاق سے جس میں حسن شامل ہو یا کسی غیبی اشارہ کی بنا پر کچھ ایسے نمونے کے رکھ دیئے جاتے ہیں کہ آدمی آگے چل کر اسم با مسمّیٰ بن جاتا ہے اور اسے عمر بھر اپنے نام کے آگے "منکہ مسمی" لکھنے کی ضرورت پیش نہیں آتی (مسمّیٰ اور اور مسمّا کے اس فرق کو ذہن نشین رکھنا چاہیے) وہ لوگ صرف اپنے لئے ہی خوش قسمت نہیں ہوتے بلکہ دوستوں کیلئے بھی باعث برکت ہو جاتے ہیں جو اپنے اصلی اور آبائی نام کے سائے میں پل کر جوان ہوتے اور زندگی کی طویل مسافت نیک نامی کے ساتھ طے کر کے "پیری" کی منزل پر پہنچتے ہیں۔ پیری "پیشہ وارانہ" پیری نہیں ہوتی لیکن ایسے اسم با مسمّیٰ لوگوں کے لوگ خود مرید بن جاتے ہیں۔ یہ عصا و قبا کی مریدی نہیں ہوتی بلکہ یہ آدمی کے اعمال و اشغال اور کردار و گفتار کے یوں کہیئے کرشمے ہوتے ہیں جن کی بنا پر ملنے جلنے والے لوگ خود بخود اور بہ دل و جان حلقہ بگوش ہو جاتے ہیں۔ ڈاکٹر عالی جعفری کچھ ایسی نوعیت اور

قماش کے شخص تھے۔ شاعروں نے اس نوع کے لوگوں کو پراگندہ طبع لوگ کہا ہے لیکن میں اسے جرأت رندانہ سمجھتا ہوں۔ ڈاکٹر عالی جعفری غیر معمولی طور پر منضبط اور محتاط طبیعت کے حامل تھے۔ ان کی نیک نامی کسی تزک و احتشام کی نہیں بلکہ احترام و عزت کی بنا پر تھی جوان کے اعمال و اشغال اور کردار و گفتار کے باعث کشاں کشاں خود اپنے (دونوں) پیروں پر چل کر انکے گھر گئی تھی اور گو کہ انہوں نے کئی گھر بدلے لیکن نیک نامی تا عمر انکے ساتھ رہی۔

جہاں تک تعلیمی قابلیت کا سوال ہے انہوں نے، میں سمجھتا ہوں پی ایچ ڈی کی ڈگری خوامخواہ حاصل کی۔ یہ ان کیلئے قطعی غیر ضروری تھی۔ یہ ڈگری کسی بھی بلند و بالا عمارت کے اس ٹیریس کی طرح تھی جو سال میں صرف ایک مرتبہ شوال کا چاند دیکھنے کی غرض سے استعمال کی جاتی ہے۔ شاعر نے کیا خوب کہا ہے ؂

تکلف سے بری ہے حسنِ ذاتی　　　　قبائے گل میں گل بوٹا کہاں ہے

مجھے یقین ہے ڈاکٹر عالی جعفری نے اس ڈگری کو طاقِ نسیاں پر رکھ دیا ہو گا اور یہ وہیں جوں کی توں دھری رہ گئی ہوگی۔ (یوں بھی ڈاکٹر عالی جعفری کو بھولنے کے فن پر عبور کامل حاصل تھا۔)

آج کل کسی کو 'اہلِ زبان' کہنا اچھا نہیں معلوم ہوتا۔ لوگ سمجھتے ہیں یہ ان پر چوٹ ہے۔ ایسا سوچنا احساس کمتری ہے۔ ورنہ اہل زبان اس شخص کو کہا جاتا ہے جو زبان کی اونچ نیچ سے واقف ہو اور اپنی مرضی سے کہیں بھی پیدا ہوا ہو۔ اس کا لکھنو یا دلی میں پیدا ہونا کوئی لازمی شرط نہیں ہے اور پہلے بھی کب ضروری تھا کہ دلی یا لکھنو کا ہر باشندہ اہل زبان ہونے کا مستحق تھا اور اب تو یہ بات قصہ پارینہ ہو چکی ہے۔ تاہم بنظر احتیاط میں ڈاکٹر عالی جعفری کو اہل زبان نہیں صرف زبان شناس کہوں گا۔ ان کی گفتگو میں زبان کا جو ''چسکہ'' تھا۔ وہ ان کا اپنا خالص گھریلو تھا۔ اس پر علم مستزاد۔ کلاسیکی ادب کا مطالعہ انہوں نے اس وقت کیا ہو گا جب اس ادب پر مشتمل کتابوں کی روشنائی مدھم نہیں پڑی تھی۔ وہ اپنی ابتدائی عمر میں شاید کتابوں کے کیڑے بھی رہے ہوں کیونکہ ایک زمانہ میں ہمارے یہاں حشرات الکتب بھی بکثرت ہوا کرتے تھے۔ ڈاکٹر عالی جعفری انہیں میں سے ایک تھے۔ حافظہ بھی اچھا پایا تھا لیکن علم و ادب کی گفتگو میں محتاط بھی بہت تھے۔ آگاہی اور علمیت

کے بلند بانگ دعوے انہوں نے کبھی نہیں کئے اور اپنی عدم واقفیت کو چھپانے میں بھی انھوں نے کبھی تامل نہیں کیا۔عدم واقفیت سے مراد یہ کہ اگر انھوں نے کوئی کتاب نہیں پڑھی ہے تو (ہماری طرح) اس پر تبصرہ نہیں کرتے تھے بلکہ علی الاعلان اعتراف کرتے تھے کہ یہ کتاب انھوں نے نہیں پڑھی ہے۔ مجھے یاد ہے کہ ایک مرتبہ میں نے مکتبہ جامعہ کی بیٹھک میں ان سے اقبال کے ایک شعر کی وضاحت چاہی تھی اور وہ چاہتے تو مجھے ایک لکچر پلا سکتے تھے لیکن ان کی 'شانِ معلمی' نے انھیں اس سے باز رکھا اور مجھے صرف جواب ملا کہ کل بتاؤں گا۔اس جواب میں ان کی عدم واقفیت کا دخل نہیں تھا بلکہ یہ صرف ان کی احتیاط تھی جو انھیں نمود اور نمائش سے دور رکھتی تھی۔وہ چاہتے تو بڑے طمطراق کے ساتھ اقبال کے اس شعر میں اپنا مطلب داخل کر سکتے تھے۔حاضرین محفل میں کوئی ایسا نہ تھا جسے 'حرف گیری' کی جرأت ہوتی۔میں نے انہیں ہمیشہ مولانا شہاب اور محمود سروش کا بدل سمجھا۔اگر یہ تین حضرات مکتبہ جامعہ میں نہ بیٹھا کرتے تو مکتبہ ''اڈہ'' بن کر رہ جاتا۔ڈاکٹر عالی جعفری میرے لئے اس لئے بھی محترم رہے کہ وہ جس گلی میں رہتے تھے اس کا نام ہی ایک یوسف کی قوتِ گویائی سلب کرنے کے لئے کافی تھا۔لیکن ایسا نہیں ہے کہ میں نے ان سے کبھی لطف ہی نہ لیا ہو۔ان کا حسن مزاج میرے لئے چشم یار کا در پردہ اشارہ تھا اور مزید کسی اذن کی ضرورت نہیں تھی۔بے تکلفی انہیں پسند تھی اور وہ جب کھلتے تھے تو محفل کو گرما دیتے تھے۔دل کے ذرا کمزور تھے یعقوب گلی سے جب وہ قلابہ کے اس مکان میں منتقل ہوئے جو تاج محل ہوٹل کے عقب میں تھا تو وہ ہمیشہ خوفزدہ رہے کہ پتہ نہیں کب انہیں مکان خالی کر دینا پڑے۔مالک (یعنی کہ سیٹھ) ان سے ہمیشہ یہ فرمائش کرتا تھا کہ اسے تخلیہ درکار ہے اور یہ کہ صرف ایک معصوم سے پروفیسر تھے۔ایک کرایہ دار کے حقوق سے بالکلیہ ناواقف تھے۔مجھ سے مشورہ کرنے میں انہیں دریغ نہ ہوتا اور مجھے غلط سلط مشورے دینے میں کوئی تامل نہ ہوتا۔میرے مشوروں کے باوجود ان کا کوئی نقصان نہ ہونے پایا۔ان کا میرے یہاں اور میرا ان کے یہاں آنا جانا برقرار رہا۔خاطر تواضع کرنے میں انہیں لطف آتا تھا کہ جب بھی میں ان کے یہاں گیا خالی منہ کبھی واپس نہ ہوا۔ان کے بس میں نہیں تھا کہ وہ اپنے ملاقاتیوں کے منہ موتیوں سے بھر دیتے لیکن دل ان کا شاید ایسی آرزو میں بے تاب رہتا تھا۔خاندان کو سمیٹ

کرر کھنے کی بھی تمنا ان کے دل میں تھی۔اہل خاندان کی تربیت میں بھی دلچسپی لیتے تھے۔بچوں کو"مہذب"بنانے کا شوق تھا(کامیابی،ناکامی اللہ کے ہاتھ تھی)اپنے استادوں کا بھی بہت ادب کرتے تھے۔ایک مرتبہ ڈاکٹر اعجاز حسین ان کے گھر مہمان رہے۔انہوں نے ان کے اعزاز میں ایک محفل ترتیب دی تھی جس میں طرح طرح کے لوگوں کو مدعو کر ڈالا تھا۔بڑی گرما گرم محفل تھی۔

چونکہ ان کی ملازمت کی نوعیت سرکاری تھی اس لئے ایک مرتبہ انہیں اورنگ آباد بھی دیکھنا پڑا۔اورنگ آباد ویسے اچھی جگہ ہے لیکن ان کا دل درد سے بھر آیا۔اور یہ جب تک وہاں رہے صرف اپنے تبادلے کے لئے سرگرداں رہے۔اگر ان کا تبادلہ جلد نہ ہو جاتا تو شاید یہ اپنے دل میں کچھ اور ٹھان لیتے۔افسردہ رہنے لگے تھے۔ان کی افسردگی ہی نے "ارباب حل وعقد" کو سوچنے پر مجبور کر دیا اور یہ دوبارہ بمبئی کے عقد میں آگئے۔انہیں لوگوں نے بہت منع کیا کہ اب زیادہ مطالعہ نہ کریں لیکن نہیں مانے اور اس وقت تک مطالعے میں معروف رہے جب تک کہ بینائی کمزور نہیں ہوگئی۔اعضائے جسمانی کی کمزوری نے ان کے جذبہ حق گوئی کو مضبوط سے مضبوط تر کر دیا۔اردو اکادمی نے ایک مرتبہ کچھ کتابیں انہیں بھیجیں کہ یہ اپنی رائے دیں کہ یہ کتابیں کسی انعام کے قابل ہیں یا نہیں۔انھوں نے یہ کتابیں پڑھے بغیر واپس کر دیں کہ ان کی بینائی راستے میں حائل ہے۔بغیر پڑھے رائے دینا انھیں گوارانہ ہوا جب کہ انعامی کتابیں اہل ادب کو بھیجی ہی اس لئے جاتی ہیں کہ وہ انہیں نہ پڑھیں لیکن رائے بھیج کر معاوضہ وصول کرلیں۔ڈاکٹر عالی جعفری نے شاید اس معاوضے کو"زکات"سمجھا۔انکی اندرونی خوبیاں بکثرت تھیں میں نے مشتے از خروارے ایک خوبی بیان کی۔انکی بیماری کی خبر سن کر میں نے ان کے گھر جانے کی نیت کی لیکن اس سے قبل کہ میری نیت عمل بنتی ڈاکٹر عالی جعفری اپنے آخری سفر پر روانہ ہو گئے۔ایک جم غفیر کو سوگوار چھوڑ دیا۔یہ انکے ہم چشموں شاگردوں اور انکے چاہنے والوں کا جم غفیر تھا۔اللہ تعالی ان کی مغفرت فرمائے۔اس اسم بامسمّٰی شخص پر اللہ کی رحمت ہو۔

شیام کشن نگم

شیام کشن نگم نے مہاراشٹر کالج بمبئی کے ایک جلسے میں تقریر کرتے ہوئے یہ شعر پڑھا۔

زمانہ بڑے شوق سے سن رہا تھا
ہمیں سو گئے داستاں کہتے کہتے

یہ جنوری ۱۹۹۵ء کی بات ہے۔اس دن وہ ''شیام کشن نگم ٹرافی'' کے بین الکلیاتی تقریری مقابلے میں گرتے پڑتے پہنچ گئے تھے۔بہت خوش تھے۔اپنی جیب اور اپنے ہاتھوں سے مقابلے میں حصہ لینے والوں کو انعامات تقسیم کئے۔آثار تو کئی دنوں سے اچھے نہیں تھے لیکن کسے معلوم تھا کہ چند ہی دن بعد وہ ۱۰ فروری کو دوپہر میں دنیا کو خیر باد کہہ دیں گے۔یہ ان کا آخری جلسہ تھا جس میں وہ شریک ہوئے۔برسوں سے انہوں نے جلسوں میں آنا جانا ترک کر دیا تھا۔فالج کے حملے کے بعد وہ کسی سہارے کے بغیر چل نہیں سکتے تھے اور ان کی منجملہ صحت (صحت کا لفظ بھی میں مروتاً لکھ رہا ہوں) قطعی اس قابل نہیں تھی کہ وہ گھر

سے باہر قدم بھی نکال سکتے ۔ان کی رفیقہ حیات تو ان کی خدمت اور تیمارداری کرتے کرتے تھک گئی تھیں اور جانے کے معاملے میں انہوں نے کوئی پانچ مہینے پہلے ہی پیش قدمی کی تھی۔ وہ خود بہت بیمار بلکہ ایک لحاظ سے بینائی کی حد تک معذور تھیں لیکن گھر کے اندر بس اندازے سے چلتی پھرتی اور نگم صاحب کی دیکھ بھال کرتی رہتی تھیں ۔شیام کشن نگم جو بے حد خوش مزاج آدمی تھے پتہ نہیں کیوں اتنے تنک مزاج ہو گئے تھے کہ بعض وقت سوچنا پڑتا تھا کہ کیا وہی شیام کشن نگم ہیں جو ہمیشہ خوشدل تبسم بہ لب بلکہ قہقہہ بردوش رہا کرتے تھے ۔نگم صاحب نے وہ پانچ مہینے جو انہیں تنہا گزارنے پڑے انہی کا دل جانتا ہوگا کہ کیسے گزارے ۔انہوں نے خود کو دھوکہ دینے کے ہزار جتن کئے ہوں گے لیکن پھانس جب دل میں چبھ جاتی ہے تو پھر دم کے ساتھ ہی نکلتی ہے ۔یہ شعر دیکھئے ۔

چھوٹ کر تجھ سے بہت مشکل نہیں جینا مگر
سہل بھی اتنا نہیں جتنا سمجھ بیٹھے تھے ہم

یہ شعر میں نے یہاں اسلیئے لکھا کہ نگم صاحب نے مرنے سے کوئی ایک ماہ پہلے فون پر اور پھر بالمشافہ مجھ سے کہا تھا۔اب میں خود کو ۱۰ سال پہلے کا نگم محسوس کر رہا ہوں ۔بیگم کے انتقال کے بعد انہیں ایک مرتبہ دواخانے میں کچھ دن قیام کرنا پڑا تھا لیکن بس یوں سمجھئے وقت نے صرف اشارا کیا تھا نزدیک نہیں آیا تھا۔ ملے تو بہت خوش تھے ۔ایک دن اچانک گھر آگئے (وہ روزآنہ شام کو شیواجی پارک جا کر سمندر کے کنارے بیٹھتے تھے شاید دیکھتے ہوں گے کہ سورج کیسے ڈوبتا ہے؟ محنت انہوں نے کی اور ساتھ قدرت نے دیا اور شاید یہی وجہ تھی کہ وہ گرتوں کو تھام لینے والے ساقی بن گئے تھے اور بردباری کا یہ حال تھا کہ بائیں ہاتھ کو خبر نہ ہوتی تھی کہ دائیں ہاتھ نے کسے داد دی ہے۔ساعت اور بصارت نے ان کا ساتھ تو نہیں چھوڑا تھا لیکن تعلقات استوار نہیں تھے اور اس پر مستزاد کئی دوسرے عوارض ۔اردو جیسی شیریں زبان پر فرہاد کی طرح عاشق تھے باتیں بھی کرتے تو اس میں اتنی مٹھاس گھول دیتے کہ شبہ ہوتا کہ شاید انہوں نے قندونبات کا کوئی کارخانہ کھول رکھا ہے ۔اس لئے شکر بھی ان کے شکر کی نہیں شکایت کا باعث ہو گئی تھی ۔خود انجکشن لگاتے اور ہنستے بولتے نظر آتے یہ انجکشن معلوم نہیں کب سے لگ رہے تھے لیکن آخر دن تک انہوں نے ان کا ساتھ

نہیں چھوڑا۔ فالج نے بھی انہیں دیکھ لیا تھا اور گردے تو وہ کئی سال پہلے تبدیل کروا چکے تھے۔ اتفاق دیکھئے کہ انہیں گردے بھی ملے تو ایک ایسے شخص کے جس کی مادری زبان اردو تھی۔ انہیں اردو سے اتنا شدید عشق تھا۔ یہ باتیں اس زمانے کی ہیں جب میاں بیوی دونوں کا بیماریوں نے گھیراؤ کر لیا تھا۔ ورنہ شیام کشن نگم ایک زمانے میں شہر بمبئی کا ''کلیدی خطبہ'' تھے۔ کوئی ادبی محفل، کوئی مشاعرہ، کوئی ہنگامہ جس کا ذرا سا بھی تعلق اردو سے ہوتا اس کے حدود اربعہ میں شیام کشن نگم دکھائی دیتے تھے۔ ان کا گھر برسوں کسی ادبی انجمن کے دفتر کا نمونہ بنا رہا۔ کوئی دفتری کاروائی تو وہاں نہیں ہوئی لیکن بمبئی کے باہر سے آنے والے ادیبوں اور شاعروں کی قیام گاہ چمبور کا شیام نواس ہی تھا۔ ہر دو چار ماہ بعد ایک نہ ایک دعوت ان کے یہاں ضرور ہوتی تھی۔ شعر، شور تو ہوتا ہی تھا۔ سال میں ایک مرتبہ رنگ و رامش کی محفل بھی ہوتی تھی۔ یہ ان کی ہولی کی دعوت کا ذکر ہے خود اپنے منہ پر گلال کا چھڑکاؤ کروا لیتے۔ پیشانی پر قشقہ لگاتے اور باہر لان پر آکر اپنے ہاتھوں سے مہمانوں میں رنگ تقسیم کرتے۔ رنگ تقسیم کرنے کی یہ خوشنما رسم ان کی اپنی ایجاد تھی۔ اتنی نفاست اور شرافت سے ہولی کھیلتے میں نے کسی کو نہیں دیکھا۔ مہمانوں سے کہتے جیب سے اپنا رومال نکالو۔ مہمان ''پیشدستی'' انہیں دستی پیش کرتا اور میزبان جی بڑے سلیقے سے اس پر یوں رنگ چھڑکتے گویا آٹو گراف دے رہے ہوں۔ اس رنگ کی یوں ضرورت نہیں تھی کیونکہ ان کا رنگ تو ویسے بھی جما جمایا تھا۔ اسی محفل میں قوالی کا بھی اہتمام ہوتا ان کی دوستی سب سے تھی خواہ وہ علی یاور جنگ ہوں یا مولوی مدن یا مسیتا۔ ان کے یہاں سب موجود ہوتے۔ کام و دہن کی آزمائش کا خصوصی بندوبست ہوتا وہ اس طرح کہ توے سے اترتی ہوئی گرم خستہ روٹیاں، نگم صاحب باورچی کے سر پر کھڑے رہ کر تیار کرواتے اور ان کے تمام محاسن پر نظر رکھتے۔ روٹی میں ذرا سا کالا لگ جاتا تو خود تنور کی طرح گرم ہو جاتے حالانکہ انہیں معلوم تھا کہ مہمانوں کی اکثریت کا دھیان، نان یا خوان میں نہیں، کسی اور طرف ہے۔ لوگ ''ترنگ'' میں بھول جاتے کہ وہ اپنے گھر سے کتنی دور بیٹھے ہیں۔ (چیمبور کو میں نے ہمیشہ چیمدوری ہی کہا لیکن یہ میری نیت کا فتور نہیں، زبان کا قصور تھا) زبان کے ذکر پر یاد آتا کہ وہ صحیح اور فصیح اردو کے معاملے میں ذرا ضدی واقع ہوئے تھے۔ دہلی والے تھے اس لئے کسی اور کو ماننے میں انہیں

سکی محسوس ہوتی تھی۔ ان کی بیگم لکھنو کی تھیں لیکن شاید ان سے بھی وہ کوئی رعایت نہیں برتتے تھے۔ ایک مرتبہ مجھ سے ایک ٹیوٹر کی فرمائش کی اور قید لگا دی کہ شخص مذکور کو دلی کا ہونا چاہئے۔ اب میں کہاں کو چہ بلیماراں میں ٹیوٹر کی تلاش میں مارا مارا پھرتا میں نے ان سے کہا براہ کرم اسے بھول جائیے تو انہیں بڑا زبردست دھکا پہنچا اور وہ سمجھے ہائے دلی لٹ گئی۔

ان کے گھر کی محفلوں میں جوش، فراق، فیض، آنند نرائن ملا، سبھی شریک ہوئے۔ فراق گورکھپوری تو ہمیشہ انہیں کے یہاں قیام کرتے تھے اور ان کے گھر کے کمپاؤنڈ میں صبح صبح چہل قدمی کر کے بہت خوش ہوتے تھے۔ یہ چہل قدمی ان کیلئے صبوحی تھی اور ایک مرتبہ تو شاید وہ نگم صاحب سے کسی بات پر خفا ہو کر ان کے گھر سے اٹھ کر چلے بھی گئے تھے۔ ''زیادتی'' کس کی طرف سے ہوئی پتہ نہیں۔ گمان غالب بہر حال غالب صدی کے دیوان غالب کے ناشر کی طرف نہیں جاتا۔ (نگم صاحب کا یہ کارنامہ بھی یادر ہے گا۔ ۴ ر روپے والا یہ نسخہ چار دانگ عالم میں مشہور ہے) شعر انہیں بہت یاد تھے۔ اچھے شعر کے جوہری بھی تھے۔ مطالعہ بھی اچھا خاصا تھا۔ ایک مرتبہ اس خاکسار سے بحث میں مبتلا ہو گئے۔ شعر تھا۔

کلید میکدہ گم گشتہ بود پیدا شد ہلال عید بر اوج فلک ہویدا شد

میں جس مصرعے کو نور جہاں کا بتاتا تھا وہ جہانگیر کا بتاتے تھے۔ جب میں نے کہا کہ آپ کی دلچسپی مصرعے سے ہے یا نور جہاں سے تو بحث کو اگلی عید تک کیلئے ملتوی کر دیا۔

شیام کشن نگم اپنی گوناگوں اور ہمہ جہتی مصروفیتوں کی بنا پر پورے ہندوستان میں ''محسن اردو'' کے لقب سے یاد کئے جانے لگے۔ ان کا ایک لطیفہ جو شہاب الدین دسنوی اکثر سنایا کرتے تھے یہ تھا کہ کسی شخص نے نگم صاحب کے گھر فون کیا۔ فون پر ان کی بیوی تھیں۔ ادھر سے پوچھا گیا کیا محسن اردو گھر پر ہیں، ادھر سے جواب ملا جی وہ تو نہیں ہیں اور جب یہ پوچھا گیا کہ آپ کون ہیں تو جواب ملا میں مسز محسن اردو بول رہی ہوں۔ کبھی کبھی افسوس ہوتا ہے کہ اگر نگم صاحب کو ان کے قریبی احباب مشورہ دیتے تو وہ یقیناً کوئی یادگار کام کر چھوڑتے۔ مجھ سے بہر حال انہوں نے اردو ہال کیلئے زمین دینے کا وعدہ کیا تھا۔ ان کی کئی ایکڑ زمین دکھر ولی کے علاقے میں افتادہ پڑی تھی۔ اب تو خیر نہیں ہے لیکن مجھ سے پوچھا بھی تھا یہ ہال کتنا بڑا ہونا چاہئے۔ میں نے کہا نگم اردو ہال ہو گا تو ظاہر ہے بڑا ہی ہو گا۔ بات

اس سے آگے نہیں بڑھ سکی اور اس ممبئی شہر میں اردو بے حال رہ گئی۔ میں اپنی خود ستائی کے سلسلے میں یہ بات کہہ دوں کہ زندہ دلان ممبئی کی طرف سے جب میں نے ان سے ایک ٹرسٹ اور ٹرانی کی فرمائش کی تو وہ راضی ہو گئے اور طے ہوا کہ ٹرانی اور ٹرسٹ کی رقم مہاراشٹر کالج کو تفویض کی جائے۔ ڈاکٹر رفیق زکریا سے ذکر آیا تو انہوں نے کہا کسی دن نگم صاحب کو ان کے گھر پر بلاؤں۔ اس محفل میں ڈاکٹر صاحب نے چائے بہت عمدہ پلائی اور نگم صاحب نے اپنی پیشکش میں ڈاکٹر صاحب کے کہنے پر مزید ۳ر ہزار روپے کا اضافہ کر دیا۔ ٹرانی الگ۔ پچھلے ۲ر سال سے مزاحیہ تقریری مقابلے پابندی سے مہاراشٹر کالج میں ہو رہے ہیں جو مقبول بھی ہوتے جا رہے ہیں اور اگر کالج کی صدر شعبہ اردو ڈاکٹر رفیعہ شبنم عابدی اور ان کے ساتھیوں نے اپنی دلچسپی برقرار رکھی تو شیام کشن نگم ٹرانی کے یہ مقابلے تادیر ہوتے رہیں گے اور شہر ممبئی کے ایک اردو کالج میں محسن اردو کی یاد ہر سال تازہ ہوتی رہے گی۔ گو کہ یہ یادگار نگم صاحب کے منصب کی نہیں ہے لیکن شیام کشن نگم کی اردو زبان اور اردو کے طالب علموں سے محبت بہر حال یاد رکھی جانے والی خبر ہے بلکہ ایک لحاظ سے قابل قدر۔ اردو سے محبت کرنے والوں کی تعداد کم ہوتی جا رہی ہے۔

شیام کشن نگم پرانی بلکہ کہنہ روایتوں کے آدمی تھے۔ ایسا نہیں ہے کہ ان کی دوستی صرف صف اول کے ممتاز اور ذی حیثیت شاعروں سے تھی۔ ان کی محبت کی ڈور بہت لمبی تھی۔ دلی لکھنؤ سے کرلا تک طویل تھی۔ یہاں محمود درانی ان کے پسندیدہ اور محبوب شاعر تھے۔ یہ بات کہنے کی نہیں ہے لیکن مجھے معلوم ہے کہ محمود درانی مرحوم کا اگر کوئی کام ہوتا تو وہ اس کیلئے بھاگے بھاگے منترالیہ جانے میں تامل نہیں کرتے تھے اور کامیاب لوٹتے تھے۔ سلوک اور حسن سلوک کی انہیں عادت پڑ گئی تھی۔ کسی بھی شاعر کا کوئی کام ہو شیام کشن نگم اس میں ضرور دخل دیتے تھے۔ لوگ دور دور سے ان سے ملنے آتے اور جو بھی انہیں اپنی کتاب نذر کرتا وہ اسے نذر کیساتھ ہی قبول کرتے۔ اردو رسائل کے تعلق سے بھی انکی عادت خراب تھی۔ زر معاوضہ دیئے بغیر رسالہ پڑھنے سے انکار کر دیتے۔ کوئی اصرار کرتا تو پڑھ لیتے۔

آخر دنوں میں تو انہوں نے ایک اردو رسالہ ریڈر کا بھی تقرر کر لیا تھا۔ یہی ان کے نام کے خط اور دعوت نامے پڑھتا لیکن دعوت کی تاریخ گزر جانے کے بعد۔ روایت

پسندی کا انہیں اتنا شوق تھا کہ ایک مرتبہ میں نے ایک ادبی نشست منعقد کرنے کیلئے سہ پہر کا وقت تجویز کیا۔ راضی نہیں ہوئے بولے یہ تو صرف چائے کا وقت ہے۔ امریکہ سے رضیہ فصیح احمد آئی ہوئی تھیں۔ انہی سے ملاقات کیلئے زندہ دلان ممبئی کی طرف سے یہ نشست کی گئی تھی اور صاحب خانہ کی فرمائش پر اس کا اختتام عشائیہ پر ہوا۔ تم صاحب نے صاف لفظوں میں کہہ دیا تھا کہ ان کے گھر پر کبھی چائے کی دعوت نہیں ہوئی۔ شیام کشن نگم نے اپنی قائم کی ہوئی روایتوں کو مجروح نہیں ہونے دیا۔

ایک مزاح نگار کا پھسلنا (دلیپ سنگھ)

میرے دوست دلیپ سنگھ (جی) اچھے خاصے ثابت قدم آدمی ہیں۔ یہ ''جی'' جو میں نے ان کے نام کے ساتھ لگایا ہے ان کی سیاسی یا سماجی شناخت کے لیے نہیں ہے بلکہ یہ وہ مشہور و معروف جی ہے جو ہندوستان میں صنفِ نازک اور صنفِ غیر نازک کے ساتھ بلا امتیاز سن و شکل بلا تکلف استعمال ہوتا ہے اور اس کے استعمال سے ممدوح کی شخصیت پر وقار ہو جاتی ہے۔ ویسے دلیپ سنگھ کو ایسی مصنوعات اور فروعات درکار نہیں ہیں وہ بجائے خود ایک مکمل نسخہ ہیں اور انھیں کسی بدرقے کے بغیر بھی استعمال کیا جا سکتا ہے۔ ثابت قدم میں نے انھیں اس لیے لکھا کہ جس طرح وہ کاغذ پر دیکھ سمجھ کر اپنا قلم رکھتے ہیں اسی طرح پھونک کر قدم بھی رکھتے ہیں۔ پہلے شاید کبھی لڑکھڑائے ہوں تو لڑکھڑائے ہوں۔ لیکن معلوم نہیں ۲۱ر دسمبر ۹۳ء کو ان کے جی میں کیا آئی کہ دلی میں کہیں راستہ چلتے چلتے وہ پھسل پڑے۔ پانو میں موچ آگئی۔ اب یہ جان کر آپ کیا کریں گے کہ موچ دائیں پانو

میں آئی یا بائیں پانو میں۔ آدمی کے دونوں پانو ہمسر ہوتے ہیں۔ البتہ ہاتھ کی بات اور ہوتی ہے اور دلیپ سنگھ دائیں پانو کے ساتھ بھی اتنا ہی نرم برتاؤ کرتے تھے جتنا کہ بائیں پانو کے ساتھ۔ انھوں نے کبھی اپنے کسی ایک پانو کو دوسرے درجہ کا شہری نہیں سمجھا۔ وہ سرکاری ملازم ضرور تھے لیکن سرکاری عادتوں سے انھوں نے ہمیشہ اپنے آپ کو دور رکھا۔ اس موچ یافتہ پانو نے انھیں ستایا بہت۔ دسمبر کے مہینے میں اور وہ بھی دلی جیسے مقام پر جہاں وہ موسم کے ساتھ سرد جنگ میں مشغول تھے۔ اس پانو نے انھیں بہت تکلیف پہنچائی۔ دلیپ سنگھ نے دوسرے ہی دن مجھے بڑا ہی دردناک خط لکھا اور بتایا کہ پانو اس قدر سوج گیا تھا کہ انھیں اپنا پانو معلوم ہی نہیں ہو رہا تھا۔ دلیپ سنگھ معتدل ہوتے ہوئے شکی مزاج کے آدمی ہیں۔ اب جو شخص اپنے ہی پانو کو اپنا پانو نہ سمجھے اس کے شکی مزاج ہونے میں کیا شبہ ہوسکتا ہے۔ بعض وقت تو وہ اپنے ہی لکھے ہوئے مضمون کو اپنا مضمون نہیں سمجھتے جب تک یہ مضمون ان کے نام سے کسی رسالے میں چھپ نہیں جاتا وہ اس کے بارے میں شک وشبہ میں مبتلا رہتے ہیں۔ کسی محفل میں سناتے ہیں اور اس پر انھیں خوب داد مل جاتی ہے تو انھیں یقین آتا ہے کہ ہاں یہ مضمون ان ہی سے سرزد ہوا تھا۔ آپ اسے رشک پر محمول کرنا نہیں چاہتے تو ٹھیک ہے اسے ان کی معصومیت کہہ لیجیے۔ آپ کی بھی تشفی ہو جائے گی اور دلیپ سنگھ بھی خوش ہو جائیں گے۔ لیکن ہیں وہ متذبذب پسند آدمی۔ کبھی نچلے نہیں بیٹھیں گے۔ سر پر پگڑی بجی سنوری حالت میں مستحکم رہے گی لیکن یہ اسے دونوں ہاتھوں سے بار بار سنبھالتے رہیں گے (دیکھتے ہوں گے کہ اتر تو نہیں گئی ہے) خیر پگڑی کے ساتھ تو یہ سلوک روا ہے۔ آدمی کو یاد نہیں۔ ہتا کہ وہ اسے پہنے ہوئے ہے یا نہیں۔ لیکن دلیپ سنگھ کا تو اپنی داڑھی کے ساتھ بھی یہی رویہ ہے جو اپنی پگڑی کے ساتھ ہے۔ یہ صاف دکھائی دیتی ہے لیکن یہ جب تک اپنے ہاتھوں کی مدد سے اسے محسوس نہیں کر لیتے ان کا اطمینان نہیں ہوتا۔ اس لیے اگر ایسا محتاط اور اپنی چیزوں کے بارے میں اتنا چوکنا رہنے والا شخص اگر آپ کو یہ لکھے کہ اسے اپنا پانو اپنا نہیں محسوس ہو رہا ہے تو ظاہر ہے موچ کی وجہ سے اس پانو کی نوعیت کتنی نہیں بدل گئی ہوگی۔ خبر سن کر تو میرا دل بھر آیا۔ اچھا ہوا میں دلی سے بہت دور بمبئی میں تھا ورنہ مجھ سے ان کی تکلیف دیکھی نہیں جاسکتی تھی۔ جب بھی کسی کے پانو کے تعلق سے میں ایسی ویسی خبر سنتا ہوں تو بہت رقیق القلب ہو جاتا ہوں

اور یہ تو دلیپ سنگھ کے پانو کا معاملہ تھا۔انھوں نے مجھے یہ بھی لکھا تھا کہ انھیں باتھ روم بھی جانے کے لیے بیساکھی استعمال کرنا پڑ رہی ہے۔(گھر میں بیساکھی کا میلہ میں نے پہلی مرتبہ سنا)اس خبر سے مجھے واقعی بہت افسوس ہوا۔سوچتا ہوں تو کلیجے پر کوبرا سانپ لوٹ جاتا ہے۔معلوم نہیں جن دنوں سوجن کی وجہ سے ان کا پانو بھاری تھا وہ کتنی ہی مرتبہ باتھ روم پر حسرت سے نظر ڈال کر اپنی ضرورت ٹال جاتے ہوں گے۔میں جانتا ہوں کہ وہ باتھ روم جانے کے شوقین لوگوں میں سے ہیں۔ مجھے یاد ہے جب بھی وہ بمبئی آتے تھے کسی اونچے ہوٹل میں ٹھہرتے تھے۔باہر بھی گھومنے کم ہی جاتے تھے۔ان کا زیادہ وقت باتھ روم ہی آنے جانے میں صرف ہو جاتا تھا۔کہتے تھے اس طرح چہل قدمی بھی ہو جاتی ہے۔چہل قدمی کا اتنا آسان نسخہ ہمارے کسی مزاح نگار کے ذہن میں نہیں آیا۔دلیپ سنگھ کی یہ چہل قدمی صرف چہل قدمی نہیں تھی اپنی غرض وغایت کے حساب سے اچھی خاصی چہل قدمی تھی جس کی وہ تنہا رونق تھے۔ایک مرتبہ بمبئی میں وہ باندرہ بینڈ اسٹینڈ پر سی راک ہوٹل میں ٹھہرے ۔مجھ سے فون پر بولے یہیں آجایئے باتیں کریں گے۔میں مقررہ وقت پر پہنچا تو صدر دروازے ہی پر مسکراتے کھڑے تھے۔آگے بڑھے اور بولے ذرا تیز چلئے۔میں نے کہا خیر تو ہے۔بولے باتھ روم جاؤں گا۔میں نے پوچھا کہیں باہر سے آرہے ہیں۔فرمایا نہیں باتھ روم ہی سے آرہا ہوں لیکن دس منٹ ہو گئے۔

دلیپ سنگھ بنیادی طور پر خوش مزاج آدمی ہیں۔اپنی خوش مزاجی کو اپنی حد تک محدود نہیں رکھتے۔خوب باتیں کرتے ہیں اور سمجھتے ہیں کہ ان کا مخاطب انھیں دل لگا کر سن رہا ہے۔یہ ان کی خوش فہمی نہیں خوشدلی کی بات ہے۔ایک مرتبہ تو مجھے حیدر آباد میں ان کے ساتھ ہی ٹھہرنے کا اتفاق ہوا۔دلیپ سنگھ جب حیدر آباد میں ہوتے ہیں تو ان کی دعوتیں خوب ہوتی ہیں جنھیں وہ راز میں رکھتے ہیں لیکن اس دن شاید وہ کہیں مدعو نہیں تھے۔میرے ساتھ ہی گھومتے رہے۔جلسہ گاہ میں بھی جانا تھا تو پیدل ہی گھومتے چلے۔راستہ میں بتا رہا تھا لیکن انھیں میری رہنمائی قبول نہیں تھی۔آدمی سے دلی کی بو باس جاتی نہیں ہے اور یہ تو دلیپ سنگھ تھے۔حیدر آباد سے اپنی واقفیت کا کچھ اس طرح اظہار کر رہے تھے جیسے یہ شہر بسایا ہی انھوں نے تھا۔یہی انداز مزاح ان کی مزاح نگاری کا طرہ امتیاز ہے۔(طنز ے کا لفظ میں

نے خاص طور پر استعمال کیا ہے پگڑی کے ساتھ زیب دیتا ہے) ایسے خوش مزاج آدمی کو اپنے پانو کے سلسلے میں اتنا دلگیر نہیں ہونا چاہیے۔ایک پانو کی بات ہی کیا ہے اور یہ موچ تو ایک عارضی کیفیت ہوتی ہے۔لیکن یہ ان کی محبت تھی بلکہ محبت کی فراوانی تھی کہ انھوں نے مجھے اپنے دکھ میں (غائبانہ) شریک ہونے کا موقع دیا۔وہ ہنسی بھی اسی طرح بانٹتے ہیں۔ان کے یہاں پھلجھڑیوں کی دکان ہے۔ان پھلجھڑیوں سے صرف پہلے تارے نہیں نمودار ہوتے کم سے کم پنچ رنگی ضرور ہوتے ہیں۔وہ اپنی مزاح نگاری کی زنبیل سے انار بھی نکال کر چھوڑتے ہیں اور ان کے ہر انار کے صد بیمار ہوتے ہیں۔میں نے محسوس کیا ہے کہ ان کے چھوڑے ہوئے اناروں کی روشنی ذرا زیادہ اونچائی تک جاتی ہے۔آتشبازی کے اناروں میں ہارس پاور نہیں ہوتا لیکن ان کے اناروں میں ہوتا ہے لیکن میں ان کی مزاح نگاری کا ذکر تو یوں ہی بر سبیل تذکرہ کر رہا ہوں۔اصل موضوع ان کے داہنے یا بائیں پانو کی موچ ہے جس سے ان کا پانو پھول گیا۔تنہا ایک پانو کا پھولنا کوئی اچھی علامت نہیں۔پانو تو غالبؔ کے بھی پھولے تھے لیکن صرف پانو نہیں ہاتھ پانو پھولے تھے اور اس کی وجہ بھی معقول تھی بلکہ رشک انگیز تھی ان کے معاملے میں اشک انگیز بات ہوگئی۔میں یہ تو نہیں کہہ سکتا کہ دلیپ سنگھ راستہ چلتے ہوئے اِدھر اُدھر دیکھ رہے تھے۔اب انھیں کیا دیکھنا ہے۔وہ دنیا دیکھے ہوئے ہیں۔میں تو سمجھتا ہوں یہ دلّی دن بہ دن اردو دشمن ہوتی جارہی ہے۔اس سے پہلے ایک واقعہ میں خلیق انجم کے پانو کے ساتھ دلّی نے اس سے بھی زیادہ سخت سلوک کیا تھا اور وہ قصہ کئی دن تک چلتا رہا۔اردو کے ادیبوں کو اپنے پانو کی زیادہ سے زیادہ حفاظت کرنی چاہیے۔اردو والوں کو یوں بھی اپنے پانو پر کھڑے رہنے کے کم ہی مواقع حاصل ہیں۔اس پر اگر وہ اپنے پانو کی طرف سے غافل ہو جائیں تو پھر چل چکی یہ کاغذ کی ناؤ۔

دلیپ سنگھ جانتے ہیں کہ مزاح نگاروں کی سوچ کا پانو کی موچ سے کوئی تعلق نہیں ہوتا۔ہر منفی بات کا ایک مثبت پہلو بھی ہوتا ہے۔وہ گھر بیٹھے رہے تو ظاہر ہے لکھتے پڑھتے ہی رہے۔انھوں نے کیا پڑھا اس سے ہمارا کوئی تعلق نہیں۔ہاں جو کچھ لکھا ہے اسے منظر عام پر لائیں اور یہ سمجھ کر لائیں کہ یہ انھی کا لکھا ہوا ہے۔درد جتنا شدید ہوگا۔طنز بھی اتنا ہی تند و تیز ہوگا۔

ایک بات جو تقریباً راز کی ہے میں انھیں بتادوں۔ ان کے خط کے آنے کے دو دن بعد ہی ان کے ایک (بظاہر) دوست نے مجھے لکھا کہ دلیپ سنگھ راستہ چلتے ہوئے گرے تو چوٹ سر پر لگنے والی تھی لیکن انھوں نے کمال ہوشیاری سے عین وقت پر متبادل انتظام کردیا۔ شاید خط لکھ کر خوش بھی ہوں گے کہ میں نے ان کی بات کا یقین کرلیا۔ دتی میں کتنی غلط فہمیاں پھیلی ہوئی ہیں۔

دلیپ سنگھ دوسروں کی تکلیف سن کر خوش ہونے والوں میں نہیں ہیں ورنہ میں انھیں لکھتا کہ میں بھی پانو کی اس صورت حال سے دوچار ہو چکا ہوں اور ۶ ہفتے مجھے بھی اپنے داہنے یا بائیں پانو کو پلاسٹر میں ملفوف رکھنا پڑا تھا نوبت گھٹنوں پر چلنے کی آگئی تھی۔ میں نے یہ چھے ہفتے ایڑی پر چل کر گزارے۔ بمبئی میں راستہ چلتے ہوئے کوئی گرتا نہیں کیونکہ گرنے کی جگہ ہی نہیں ہوتی۔ یہاں لوگ ریلوے پلیٹ فارم پر اس وقت گرتے ہیں جب وہ جھک کر یہ دیکھتے ہوتے ہیں کہ ٹرین آرہی ہے یا نہیں۔ اسی جھکنے میں سربجود ہو گیا تھا ریل کی پٹری پر۔ ٹرین بھی اسی وقت آئی لیکن مجھے اٹھالیا گیا دلیپ سنگھ جی اب تو خوش ہو جائیے اس بات پر کہ مجھے ایک وقت اٹھایا جا چکا ہے مجھے ان کی ٹانگ کی اس لیے بھی فکر ہے کہ ایک مزاح نگاری کی ٹانگ ہمیشہ اونچی رہنی چاہیے۔

ادب کی قرۃ العین

وہ تو عجیب وغریب خاتون ہیں
انہیں سمجھنا مشکل ہے
وہ کتنی زود رنج ہیں
اور تنک مزاج کتنی ہیں
الجھتی بھی بہت ہیں
وغیرہ وغیرہ

یہ اور اس قسم کی بیسیوں باتیں ان کے متعلق مشہور ہیں اور یہ شہرت ان کی ادبی شہرت کی ہم رکاب ہے بلکہ کبھی کبھی ان کی یہ مبینہ مزاجی شہرت ان کی مسلمہ ادبی شہرت سے اس طرح آگے نکل جاتی ہے جس طرح حال حال میں اشونی نچپا ہماری پی ٹی اوشا سے آگے نکل گئی تھی۔ لوگ (جن میں بلحاظ حروف تہجی یہ خاکسار بھی شامل ہے) اس قسم کی آراء زنی

کے بعد یہ محسوس کرتے ہیں کہ انہوں نے کوئی معرکۃ الآراء کام انجام دے دیا۔ کچھ لوگ تو اس رائے زنی کو شیر افگنی بھی سمجھتے ہیں اور اب تو جب سے قرۃ العین حیدر کو گیان پیٹھ ایوارڈ ملا ہے ان زبانی ولسانی رایوں میں بکثرت تحریری اور دستاویزی اور بافراط مکتوباتی اور مخطوطاتی اضافے ہوئے ہیں۔ گردش رنگ چمن کو برقرار رکھنے کیلئے ایک نہ ایک شگوفہ روزانہ کھلتا ہی رہتا ہے۔ جتنے منہ اتنی باتیں ہوئیں تو پولیوشن نا قابل برداشت نہ ہوتا لیکن یہاں تو باتوں کی تعداد ہندوستان کی نہیں چین کی آبادی کو مات دینے لگی ہے۔

قرۃ العین حیدر مذکورہ بالا سطور اور زیر بحث امور کی روشنی میں ادیبہ سے زیادہ مسئلہ بن گئی ہیں (یعنی بنادی گئی ہیں) اور یہ مسئلہ حل نہیں ہوسکتا۔ (یوں بھی ہندوستان میں کون سا مسئلہ حل ہوا ہے۔ ارباب حل وعقد زندآباد) قرۃ العین حیدر اس لئے بھی عقدہ لاینحل ہیں کہ انہوں نے کسی کو اپنا ہمنوا تو ایک طرف کسی کو اپنا ہم شانہ بھی نہیں ہونے دیا۔ (ہم شانہ سے مراد قدوقامت میں تقریباً ساری) وہ ہمیشہ یونک رہیں۔ ان کی پیچیدہ روی ہی ان کی پہچان بنی۔ وہ کوئی ہوا نہیں ہیں لیکن ہوا ضرور ہیں اور ہوا کو کس نے قید کیا ہے (فین یعنی پنکھے کی بات اور ہے)

پکاسو کی پینٹنگ، چارلی چپلن کی پکچر، سارتر کا فلسفہ، میراڈونا کا فٹ بال اور اسٹیفی گراف کے ٹینس کے برابر کی شہرت اگر کسی دوسری چیز کو حاصل ہوئی ہے تو قرۃ العین حیدر کی تحریر ہے۔ اردو زبان تو اردو عہد میں بھی اتنی مقبول نہیں تھی جتنی اب ہوئی ہے اور کبھی کبھی میرا جی بھی چاہتا ہے کہ میں بھی انہیں پڑھوں۔ پھر سوچتا ہوں پہلے ان سے اجازت تو لےلوں ورنہ اگر وہ پوچھ بیٹھے کہ آپ نے کس کی اجازت سے میرا ناول پڑھا تو میں کیا جواب دوں گا؟ یہی ڈر مجھے اب تک روکے ہوئے ہے جب کہ ممبئی میں بیسیوں لوگ ایسے ہیں جو ان کی کتابیں دوسروں سے پڑھوا کرسن رہے ہیں۔ (پڑھنے کی یہ بھی ایک ترکیب ہے) خاص طور پر گردش رنگ چمن تو ان دنوں کانوں کان لی جارہی ہے۔ انار کی طرح مریضوں کو للچائے ہوئے ہے (ویسے انار سے متعلق جو محاورہ رائج ہے غلط معلوم ہوتا ہے) آج تک میں نے کسی تیماردار کو کسی مریض کیلئے انار خریدتے نہیں دیکھا۔ بس موسمبی یا سنترہ۔ انار کتابی پھل ہو کر رہ گیا ہے۔ قرۃ العین حیدر نے گردش رنگ چمن لکھ کر ان آنکھوں کا علاج

(اور وہ بھی صحیح علاج) کر دیا جو پچھلے ۲۵ سال سے ''کلر بلائنڈ'' ہوگئی تھیں۔ (تکنیکی نقطہ نظر سے آنکھیں کلر بلائنڈ نہیں' آدمی ہوتا ہے لیکن میں کوئی طبی مقالہ نہیں پیش کر رہا ہوں) آنکھیں بھی کیا کریں۔ رنگ چمن ہی ایسا ہوگیا تھا۔ اردو کے ستارے گردش میں تھے تو رنگ چمن کا کیا ذکر۔ گیان پیٹھ انعامات کی فہرست میں کامل ۲۵ سال گزرنے پر اردو نظر آئی۔ یہ بھی ایک قسم کی سلور جوبلی ہوئی۔ قرۃ العین حیدر کا نام درمیان میں ہوگا تو سلور جوبلی کا نقشہ بھی ایسا ہی ہوگا۔

قرۃ العین حیدر کو جو قلم ملا ہے وہ دائیں سے بائیں بھی چلتا ہے اور بائیں سے دائیں بھی یعنی یہ کہ وہ اردو تو لکھتی ہی ہیں انگریزی بھی لکھتی ہیں۔ بس فرق یہ ہے کہ وہ جب انگریزی لکھتی ہیں تو اس میں اردو الفاظ نہیں آتے۔ انگریز جب تک یہاں رہے انہوں نے غالب کو نہیں سمجھا۔ (سمجھ جاتے تو ان کی پنشن دلی ہی میں منظور ہو جاتی انہیں کلکتہ نہیں جانا پڑتا) ویسے غالب کو ہم جیسے اردو داں لوگوں نے بھی کب سمجھا ہے اور اب تو غالب پڑھے نہیں جاتے۔ موسیقی کی محفلوں میں سنے جاتے ہیں۔ قرۃ العین حیدر نے انگریزوں کو غالب بزبان انگریزی پڑھنے کا موقع دیا۔ انگریز اس سے پہلے اردو کو بہت معمولی زبان سمجھتے تھے۔ قرۃ العین حیدر کا ترجمہ پڑھنے کے بعد ان کی آنکھیں کھلیں۔ کہتے ہیں 'آگ کا دریا' لکھنے کی وجہ سے ان کا قلم خونچکاں ہوگیا۔ ہندوستان میں خون ہے بھی بہت۔ ہمیشہ کہیں نہ کہیں بہتا ہی رہتا ہے۔

قرۃ العین حیدر ایک زمانے تک ممبئی ہی میں رہیں۔ پہلے تو قلب شہر میں مقیم تھیں لیکن جب شہر سے مضافات میں منتقل ہوئیں تو یہ منتقلی بھی انہیں اتنی کھلی کہ وہ ممبئی کے سمندری ماحول سے کنارہ کش ہوگئیں۔ سنا ہے مضافات میں جس گھر میں وہ چند دن مقیم تھیں، اس گھر کے درودیوار سے سبزہ تو نہیں اگ سکتا تھا لیکن گھر میں سیلن وغیرہ جیسی مقبول عام چیزیں ضرور نمودار ہوگئیں اور یہ تک مشہور ہوا کہ جب وہ کئی دنون بعد ممبئی آئیں اور انہوں نے اپنے گھر کا دروازہ کھولا تو دروازہ ان کے قدموں پر گر پڑا۔ اس کی چولیں ڈھیلی ہوگئی تھیں۔ کتابیں دیمکوں کے زیر استعمال رہ کر غالب خستہ ہوگئی تھیں۔ جھینگر اور انواع و اقسام کے حشرات الارض اس گھر میں نان پئینگ گیسٹ تھے۔ ہوسکتا ہے کہ ان خبروں میں

افواہوں کا بھی عنصر شامل ہو لیکن بس ایک حد تک۔ اس مضافاتی گھر میں ایک مرتبہ مجھے بھی جانے کا موقع ملا تھا۔ ان سے مشفق خواجہ کے تحقیقی ادب کیلئے غلام عباس سے متعلق ایک مضمون حاصل کرنا تھا اور محترمہ نے مجھے ایک ان لینڈ کور پر اس کا پتہ لکھ بھیجا تھا۔ مکمل ڈرائینگ کے ساتھ اور یہ ہلکے نیلے رنگ کا لفافہ مکان کا بلو پرنٹ معلوم ہونے لگا تھا۔ اس نقشے میں اس کا پورا جغرافیہ اور حدود اربعہ اس طرح درج تھا جیسے خط نہ ہو این سی ای آرٹی کی کوئی نصابی کتاب ہو۔ اس میں پڑوس کی ایک اور عمارت کا حوالہ بھی دیا گیا تھا جس کے متعلق محترمہ نے صاف الفاظ میں لکھا تھا یہ بلند و بالا عمارت یقیناً کسی بلیک مارکیٹیر کی ملکیت ہوگی۔ قرۃ العین حیدر مطالعہ بھی کرتی ہیں لیکن اتنا نہیں جتنا مشاہدہ کرتی ہیں۔ مطالعہ بینائی کا معاملہ ہے مشاہدہ دانائی کا۔ ان دنوں انہوں نے مجھ سے یہ بھی کہا کہ وہ فرمائشی مضامین نہیں لکھتیں لیکن........ اس لیکن کے بعد انہوں نے جو کچھ کہا وہ مجھے شرمندہ کرنے کیلئے بہت کافی تھا۔ مضمون بھی دیدیا۔

قرۃ العین حیدر نے ایک مرتبہ اپنے شہر والے فلیٹ میں ایک ادبی نشست بھی انجام دی تھی۔ گرم گرم پکوڑے اور بھجئے کھلائے تھے۔ اس دن محفل میں گرما گرم بحث بھی ہوئی تھی اور جب بھی کوئی دانشور، کسی فرانسیسی یا کسی جرمن ادیب کا حوالہ دیتا تو قرۃ العین حیدر یہ بھول کر کہ وہ میزبان ہیں اس دانشور کی تصحیح کر دیتیں کہ فلاں ادیب کے نام کا تلفظ یہ ہے اور وہ نہیں جو موصوف بیان فرماتے ہیں۔

ان سے کبھی کسی نے یہ نہیں پوچھا کہ ممبئی اور دلی میں انہیں کون سی جگہ زیادہ پسند ہے حالانکہ یہ ایک عمومی نوعیت کا سوال ہے لیکن وہ تو یہی کہیں گی آپ ذاتی سوال کیوں پوچھتے ہیں؟ لیکن پوچھ لینے میں کیا حرج ہے۔ ممبئی انہیں زیادہ پسند نہیں آیا ہوگا اور وہ کوئی میر تقی میر تو ہیں نہیں کہ اپنے آپ میں مگن رہیں۔ دلی انہیں زیادہ پسند ہوگی اور اب تو وہ ملنسار بھی زیادہ ہوگئی ہیں۔ لوگ ان سے ملنے ان کے گھر جاتے ہیں۔ وہ گھر میں رہ کر یہ نہیں کہتیں کہ وہ گھر پر نہیں ہیں۔ جلسوں میں بھی آتی جاتی ہیں۔ ہنسنے کا کوئی موقع ہو تو ہنستی بھی ہیں۔ لوگوں سے گھل مل کر نہ سہی کھل کر بات کرتی ہیں۔ انٹرویو بھی دے دیتی ہیں لیکن مرکز توجہ بننا انہیں پسند نہیں۔ وہ سمجھتی ہیں مرکز توجہ اور مورد الزام ہونا ایک ہی بات ہے گو دل میں

جانتی ہیں کہ یہ مترادفات نہیں ہیں۔کوئی ان سے کہے کہ وہ ان کے اعزاز میں ایک جلسہ کرنا چاہتے ہیں تو وہ سمجھتی ہیں ان کے مخاطب نے ان سے کوئی نازیبا بات کہہ دی ہے (اپنا اپنا حسن ظن ہے) وہ اس شخص کا پوری طرح سے بائیکاٹ تو نہیں کرتیں لیکن اسکی بات کاٹ دیتی ہیں (لہجہ ذرا سخت ہوتا ہے حالانکہ وہ اپنی بات نرمی سے بھی کہہ سکتی ہیں)

حافظہ ان کا اچھا خاصہ ہے۔ اس لئے انہیں یاد رہتا ہے کہ کس نے ان کے بارے میں کیا کہا تھا یا کیا لکھا تھا۔ بعض صورتوں میں وہ دوسروں کے کہے اور لکھے کے معنی بھی وہی بتاتی ہیں جو وہ بتانا چاہتی ہیں۔ خود لکھنے اور کہنے والے کا مطلب کیا تھا اس سے انہیں کوئی مطلب نہیں۔ جہاں تک شرح اور تشریح کا تعلق ہے وہ شارح مطلق ہیں۔

ادھر ان کی رفتار بھی بہت تیز ہوگئی ہے۔ قاری پیچھے رہ جاتا ہے ایک کتاب ختم نہیں کر پاتا کہ چاندنی بیگم کی رونمائی ہو جاتی ہے۔ اتنی سلامیاں ایک قاری دے گا بھی کہاں سے۔ (سلامی سے مراد وہ سلامی نہیں ہے جو بندوق کی نوک پر سربراہان ملک کو دی جاتی ہے۔ یہ سلامی تو منہ دکھائی ہے)

وہ شعر نہیں کہتیں لیکن غالب کے مشکل اشعار معلوم نہیں انہیں کیوں پسند آتے ہیں۔ ہر معاملے میں وہ اپنا راستہ الگ بناتی ہیں۔ مشکل اشعار اور لوگ بھی پسند کرتے ہیں لیکن انہیں نادر اشعار پسند آتے ہیں مثلاً یہ شعر

عمر میری ہوگئی صرف بہار حسن یار　　　گردشِ رنگِ چمن ہے ماہ و سالِ عندلیب

وہ کیا جانیں کہ اس ایک شعر کی تلاش میں لوگوں کو کتنی تگ ودو کرنی پڑی۔ زحمتِ سخن دنیا شاید اسے ہی کہتے ہیں۔

نوٹ: یہ خاکہ کوئی ۲۰ رسال پہلے وجود میں آیا تھا دلی کے کتاب نما میں چھپا تو محترمہ نے شاید مدیر کی فون پر خبر لی تھی (میں تو بہت دور تھا) خفگی دور ہونے میں کئی سال لگ گئے اور سب کچھ بھول بھال کر جب وہ مہاراشٹر اردو اکادمی کی دعوت پر ممبئی آئیں تو ایک شام غریب خانے کو بھی جگمگا دیا ڈرتا ہوں کہ یہ جملہ بھی کہیں ان کی خفگی کو از سر نو نہ جگا دے۔

ایک آزاد مطالعہ (جگن ناتھ آزاد)

ادب میں یوں تو آزاد خیال، آزاد منش اور آزادرَو لوگوں کی کمی نہیں بلکہ اب تو ایک لحاظ سے آزادی ہی آزادی ہے کیوں کہ اردو ادب میں جتنی آزادی شاعروں اور ادیبوں کو حاصل ہے یا یوں کہئے کہ شاعروں نے حاصل کر لی ہے (جسے ہتھیانا بھی کہا جاتا ہے) اتنی آزادی کی مثال دوسری زبانوں میں مشکل ہی سے مل سکتی ہے۔ لیکن اس وقت میرا موضوع سخن ''ادب میں آزادی'' نہیں ہے بلکہ میں تو صرف یہ کہنا چاہ رہا ہوں کہ اردو ادب میں صحیح معنوں میں تین ہی آزاد ہیں۔ سب سے پہلے محمد حسین آزاد، جنہیں آزاد رہنے کیلئے غدر کے بعد بھیس بدل کر ادھر ادھر گھومنا پڑا۔ (اردو کے ادیبوں پر اگر افتاد نہ پڑے تو نظام قدرت متاثر ہو جاتا ہے) دوسرے ابوالکلام آزاد، یہ ایسے آزاد تھے کہ برسوں اسیر کی حیثیت سے جیل میں رہے اور وہ بھی اس طرح کہ اپنی رفیقہ حیات کے آخری دیدار سے محروم* رہے اور تیسرے یہ جگن ناتھ آزاد۔

محمد حسین آزاد کی '' آب حیات'' ابوالکلام آزاد کی '' ہماری آزادی'' اور جگن ناتھ آزاد کی '' آنکھیں ترستیاں ہیں'' ان تینوں کتابوں کا موضوع ایک دوسرے سے مختلف ہے لیکن ان میں ایک عجیب قسم کی مماثلت ہے اور وہ ہے مشترک جذبہ یعنی بے اختیار محبت اور عقیدت۔ '' آب حیات'' اپنی زبان اور اپنے استاد مکرم سے محبت کی آئینہ دار ہے '' ہماری آزادی'' وطن سے محبت کا بے بہا خزانہ ہے اور '' آنکھیں ترستیاں ہیں'' میں بزرگوں اور دوستوں سے بے پناہ عقیدت، ارادت اور محبت کے وہ پانچوں دریا موجزن ہیں جن سے مصنف کو نسبت ارضی رہی ہے (جگن ناتھ آزاد عیسیٰ خیل ضلع میانوالی کی پیداوار ہیں۔ بعد میں پاکستانی ہوئے اور پھر از سرنو ہندوستانی)

میں نے جگن ناتھ آزاد کا نام ابوالکلام کے ساتھ لیا۔ آپ کو شاید ناگوار گزرے لیکن ذرا یہ بھی دیکھئے کہ خود جگن ناتھ آزاد کیا محسوس کرتے ہیں۔ ہمارے جاریہ اور حالیہ آزاد صاحب جب اپنا مجموعۂ کلام لے کر ابوالکلام آزاد کی خدمت میں حاضر ہوئے تو لیکن یہ منظر میں خود جگن ناتھ آزاد کے الفاظ میں کیوں نہ پیش کروں۔

'' ایک سادہ سے کمرے میں جس کا ایک دروازہ پائین باغ میں کھلتا تھا، مولانا ایک کرسی پر تشریف فرما تھے۔ مولانا کی پروقار شخصیت سارے ماحول پر اثر انداز تھی۔ کمرے میں داخل ہوتے ہی مجھے اپنی کم مائیگی کا احساس ہوا۔ میری کیفیت اس وقت وہی تھی جو علامہ اقبال نے اپنے شعر میں بیان کی ہے۔

من حضور آں شہِ والا گہر   بے ہنر بہ دربار عمر

میرے آداب عرض کے جواب میں مولانا نے قریب ہی رکھی ہوئی کرسی کی طرف اشارہ کیا اور اپنی اس خواہش کو دل میں دبائے کہ مولانا کی حضور مجھے ان کے قدموں میں فرش پر بیٹھنا چاہئے میں کرسی پر بیٹھ گیا۔

یہی حفظِ مراتب، مشرقی تہذیب، لحاظ اور تمیز جگن ناتھ آزاد کی زندگی ہے۔ جگن ناتھ آزاد نے اقبال کو اپنا مرشد مانا اور عقیدت وارادت میں اتنی گرمجوشی اور استواری دکھائی کہ اقبال اگر کچھ دن اور زندہ رہتے تو جاوید نامہ کے بعد ایک آزاد نامہ ضرور لکھتے۔ اگر میں یہ کہوں کہ جگن ناتھ آزاد کی اقبال مندی میں ان کی اقبال پرستی کو بڑا دخل ہے تو غالباً یہ سچ ہوگا

جو میں بولوں گا۔ پاکستان میں اقبال کے وارث اگر جاوید اقبال ہیں تو ہندوستان میں جگن ناتھ آزاد۔ اقبال صدی کے دوران پروفیسر کلیم الدین احمد (مرحوم) نے ''اقبال اور عالمی ادب'' کے عنوان پر ایک مقالہ لکھا اور اس میں وہی لکھا جس کی ان سے توقع کی جا سکتی تھی۔ اس وقت بھی اس مقالے کے جواب میں اگر کوئی سینہ سپر ہوا تو وہ بھی جگن ناتھ آزاد تھے لیکن اس بحث کا یہاں کیا ذکر ہے۔ میں تو ان کی کتاب ''آنکھیں ترستیاں ہیں'' کا ذکر کر رہا تھا جس میں انہوں نے ہر طرف محبت کے پھول بکھیرے ہیں اور کہیں کہیں تو وہ خود بچھ گئے ہیں۔ یہ کتاب اصل میں مجھ جیسے بے حس لوگوں کے پڑھنے کیلئے ہے بھی نہیں جسمیں جگہ جگہ بے غرض، بے لوث بلکہ بے سبب دوستوں اور بزرگوں کے واقعات لکھے ہیں مثال کے طور پر عبدالمجید سالک کے تذکرہ میں جو ایک خط کی شکل میں ہے۔ یہ لکھا ہے

''خوشتر صاحب! میں اس خط میں اتنا کچھ کیوں لکھ گیا یہ مجھے خود نہیں معلوم۔ کل صبح اور پھر دوپہر آپ ٹیلی فون پر جس طرح پھوٹ پھوٹ کر روئے ہیں اس میں مجھے اس دور کے خلوص و محبت کی ایک تابناک تصویر نظر آتی ہے جو اس وقت بڑی تیزی سے ختم ہو رہا ہے۔ اسی خط میں جگن ناتھ آزاد لکھتے ہیں ''انہوں نے (سالک صاحب) مجھے اقبال کے وہ نادر اور غیر مطبوعہ اشعار سنائے جو اقبال کی تصانیف میں موجود نہیں ہیں۔ میں ان نوادرِ اقبال کو جو قبلہ سالک صاحب کے ذریعے مجھ تک پہنچے ہیں آج بھی اپنے سینے سے لگائے پھرتا ہوں۔ جہاں میں اس بات پر نازاں ہوں کہ آج میری بیاضیں اقبال کی ان نظموں اور غزلوں سے مملو ہیں جو اقبال کی مطبوعہ کتابوں میں نہیں ہیں وہاں اس بات پر میری حیرانی اپنی جگہ بدستور ہے کہ سالک صاحب کو اقبال کا کتنا کلام زبانی یاد تھا''

عبدالمجید سالک صاحب سے اپنی بے شمار ملاقاتوں کے بارے میں مصنف کے ان الفاظ پر بھی غور کیجئے:

''وہ فکر و معانی کے، علم و ادب کے، فنِ گفتگو کے ایک بحرِ بے کنار تھے۔ ان کے ساتھ تو جتنی ملاقاتیں ہوتیں کم تھیں اور گذشتہ بیس برس میں یہ ملاقاتیں تھوڑے ہی تھیں۔ یہ تو ایک جلوہ بے پایاں کی محض ہلکی سی جھلک تھی جسے ملاقاتوں کا نام دے کر شاید میں اپنے ہی جذبۂ انا کی تسکین کر رہا ہوں۔

گرچہ خوردیم نسبتے است بزرگ　　　ذرۂ آفتاب تابانیم

میں جگن ناتھ آزاد کو حافظ اقبال سمجھتا ہوں اور اس لئے سمجھتا ہوں کہ وہ حافظ اقبال ہیں۔ انہوں نے اقبال کے کلام کا صرف مطالعہ نہیں کیا ہے (بعض لوگوں نے جس میں راقم الحروف بھی شامل ہے اسے صرف ملاحظہ کیا ہے) بلکہ باضابطہ اس کی صبح و شام تلاوت کی ہے (شب بیداری بھی کی ہوگی) انہیں اقبال کے اردو اور فارسی اشعار اس طرح حفظ ہیں جیسے وہ اقبال کے نہیں خود ان کے شعر ہوں اور یوں دیکھا جائے تو شاعر اپنے اشعار اتنی محنت اور توجہ سے یاد نہیں کرتا۔ اگر جگن ناتھ آزاد نے اس معاملے میں مولانا عبدالمجید سالک کا لوہا مانا ہے تو کہنا چاہئے کہ جگن ناتھ آزاد اس دوڑ میں مولانا سالک سے تقریباً چار سو گز پیچھے رہ گئے لیکن اس میں ان کی سبکی کا کوئی پہلو نہیں نکلتا کیوں کہ ان دونوں کے بیچ میں کوئی اور تھا ہی نہیں اور آئندہ بھی کوئی خطرہ نہیں ہے اس لئے کہ اب جو لوگ پیدا ہو رہے ہیں ان کے حافظے اور ہاضمے دونوں نسبتاً کمزور واقع ہوئے ہیں۔

اپنے استاد مولانا تاجور نجیب آبادی اور فارسی کے استاد صوفی غلام مصطفیٰ تبسم کے ذکر میں بھی آزاد زانوئے تلمذ تہہ کئے بیٹھے ہیں۔ ان خاکوں کو پڑھنے سے تو ایسا معلوم ہوتا ہے جیسے اس چونسٹھ سالہ شخص کے اندر آج بھی ایک طالب علم زندہ سلامت موجود ہے۔ وہ طالب علم نہیں جسے صوفی غلام تبسم نے ایک ادبی شرارت کی بناء پر اسے اپنی کلاس سے ''گیٹ آؤٹ'' کر دیا تھا کیوں کہ اس ادبی شرارت میں نظیری کے ساتھ بے ادبی کی جھلک آگئی تھی بلکہ وہ طالب علم جو نہایت ثقہ، مہذب اور مودب طالب علم کے سرٹیفکیٹ کا مستحق ہو یعنی بجا طور پر مستحق ہونہ کہ بر بنائے سفارش۔

جگن ناتھ آزاد نے اپنی اس کتاب کو اپنی یادوں کا مجموعہ کہا ہے اور کتاب کے مقدمہ نگار ڈاکٹر سلیم اختر نے ان مضامین کو شخصیت نگاری کی صنف میں شمار کیا ہے۔ میں کسی کے پیچھے چلنے کا خود کو اہل نہیں سمجھتا۔ ان مضامین کو خاکہ نما تذکرے یا تذکرہ نما خاکے کہنا پسند کروں گا۔ میرا خیال ہے کہ شخصیت نگاری میں شخصیت نگار خود کو اسٹیج پر نمودار نہیں ہوتا جبکہ خاکہ نگاری میں صاحب مضمون یعنی ممدوح اور خاکہ نگار دونوں ایک دوسرے کے گلے میں باہیں ڈالے منظر عام پر آتے ہیں۔ ''آنکھیں ترستیاں ہیں'' کے مضامین میں یہ معانقہ آمیز

بے تکلفی نہیں ہے اس لئے اگر انہیں تذکرہ نما خاکے کہا جائے تو ادب کا کوئی نقصان نہیں ہوگا۔ بہر حال مجھے اپنی رائے پر اسلئے اصرار نہیں ہے کہ یہ پہلی ہی نظر میں ناقص نظر آتی ہے۔

جگن ناتھ آزاد نے لحاظ اور مروت کو اپنا لباس بنایا ہے۔ وہ بھی بے شکن۔ لکھتے ہیں:

''جاں نثار اختر اور کرشن چندر میرے بے تکلف دوست ہی نہیں تھے بلکہ میری زندگی میں مینارہ نور کی حیثیت رکھتے تھے۔ آج نور کے یہ مینار بجھ چکے ہیں لیکن اس کے باوجود میرے جادۂ حیات کو منور کر رہے ہیں''

ان تذکرہ نما خاکوں میں جو تعداد میں دو جمع دو بائیس ہیں (لیکن مقدار میں اس سے زیادہ) انشاء پردازی یا شعبدہ بازی کی مثالیں نہیں ملیں گی لیکن دوست داری سلیقہ، محبت و مودت اور بے پناہ خلوص کے شجر سایہ دار ضرور ملیں گے۔ یہ ہرے بھرے درخت اور ان کے تر و تازہ پتے اس بات کا ثبوت ہیں کہ جگن ناتھ آزاد تو بس برائے نام (بلکہ برائے تخلص) آزاد ہیں ورنہ محبتوں کے ریشمی بلکہ نقرئی اور طلائی تار انہیں ہر طرف سے باندھے ہوئے ہیں۔

حفظ مراتب اور اپنے اساتذہ سے ارادت کا سبق انہوں نے یقیناً محمد حسین آزاد سے سیکھا ہوگا۔ (غائبانہ) محمد حسین آزاد نے اپنے استاد ذوق کا حق شاگردی جس طرح ادا کیا یعنی کس طرح ادا کیا سب جانتے ہیں۔ تاہم احتشام صاحب کے الفاظ میں سن لیجئے کہ محمد حسین آزاد نے یہ حق کس طرح ادا کیا۔

''آزاد نے انکی (ذوق کی) صحبت میں کیا پایا کیا نہیں یہ بتانا تو مشکل ہے لیکن ان کی محبت اور احسان مندی کا احساس انہیں اتنا تھا کہ جب غدر میں گھر کا مال اسباب چھوڑ کر اور باپ کو گولی لگتے دیکھ کر دہلی سے نکلنا پڑا تو انہوں نے استاد ذوق کا وہ کلام جو بکھری ہوئی شکل میں ان کے پاس تھا اپنے ساتھ لے لیا اور اسے سینے سے لگائے پھرے اور جب آب حیات لکھنے بیٹھے تو انہیں ایسا خراج عقیدت پیش کیا کہ شاگردی کا حق ادا کر دیا''

مولانا تاجور نجیب آبادی کے بارے میں آزاد یعنی جگن ناتھ آزاد لکھتے ہیں:

''ظاہر ہے اس فہرست میں والد محترم کے بعد اگر کسی شخصیت کا زیادہ سے زیادہ اثر میری طبیعت اور میرے مزاج نے قبول کیا ہے تو وہ مولانا کی شخصیت ہے''

اس کتاب میں مصنف کے ہم عمر بلکہ ان سے کم عمر لوگوں کے بھی خاکے (یا تذکرے) شامل ہیں اور ان خانوں میں بھی (حد ہوگئی) مصنف نے اپنے قلم کو بے باکی تو چھوڑیئے بے تکلفی کی بھی اجازت نہیں دی ہے۔ خاکوں میں اتنا سخت ڈسپلن۔ اقبال کے پرستار جگن ناتھ آزاد کی ہر تحریر پر "پاسبان عقل" کی تحدید شدید ہے (اس رائے پر مجھے اصرار نہیں ہے) جگن ناتھ آزاد شخصیت نگاری کے معاملے میں اتنے ہی شریف اور مہذب ہیں جتنے کہ اپنی کتابوں کے نام تجویز کرنے میں۔ "نشانِ منزل" (مصنف کے تنقیدی مضامین کے مجموعے کا نام) کے بارے میں لکھتے ہیں :

"علامہ اقبال مرحوم نے اول اول ضرب کلیم کا نام "نشان منزل" ہی تجویز کیا تھا۔ اب یہ نام اگر علامہ اقبال کا پسندیدہ نام ہے تو ظاہر ہے مجھے اس سے زیادہ اور کیا نام پسند آ سکتا ہے اور اگر ان کی کتاب کا متروک نام ہے تو بھی میرے لئے محبوب ہے۔ بقول جگر

تیری خاک پا جسے چھوگئی وہ برا بھی ہو تو برا نہیں

ظریفانہ ادب میں کچھ خاکے شامل ہیں جیسے فرحت اللہ بیگ کا لکھا ہوا ڈپٹی نذیر احمد کا خاکہ یا عصمت چغتائی کا "دوزخی" وغیرہ وغیرہ لیکن شریفانہ ادب میں جو خاکے شامل ہیں۔ ان میں آزاد کے کم سے کم دس خاکے تو شامل ہوں گے ہی۔ دس کی تعداد مقرر کرتے ہوئے میں نے اس شرط کو ملحوظ رکھا ہے کہ اس تعداد میں کمی نہیں ہوگی ہاں اضافہ البتہ قبول و منظور ہے۔

ناظم آثارِ قدیمہ (راج بہادر گوڑ)

راج بہادر گوڑ شکل وصورت اور عادات واطوار کے لحاظ سے آدمی ہیں لیکن حقیقت میں حیدر آباد کی تاریخ ہیں لیکن کوئی مخطوطہ نہیں بلکہ اس 'مجلّہ' کتاب کا ہر ورق مسطح 'مجلّہ' اور مکمل ہے۔ مکمل کتابیں ایسی ہی ہوتی ہیں ان پر دھول نہیں جمتی اور نہ روشنائی مدھم پڑتی ہے۔ مجھے ڈر ہے کہ اگر میں 'تحسین' میں مبتلا ہوا تو ان کی پیشانی پر بل پڑ جائیں گے۔ لیکن میں اپنے رویے پر قائم رہوں گا کیونکہ یہ طرز بیانی اس لئے صحیح ہے کہ یہ حیدر آبادی تہذیب کی رہی سہی نشانیوں میں سے ایک نشانی ہیں۔ ایک زمانہ تھا جب حیدر آباد دو حصوں میں تقسیم تھا اور موسیٰ ندی کے پار کا حصہ پرانا حیدر آباد کہلاتا تھا۔ راج بہادر گوڑ اسی علاقے کے اصلی باشندے ہیں اور اب خود اتنے قدیم ہو گئے ہیں کہ نیا حیدر آباد بھی قدیم ہو گیا ہے۔ انھیں میں نے نشانی اس لئے کہا کہ یہ نشانی تو اب ہوتے ہیں ورنہ یہ اپنے عالم شباب میں نشان بھی تھے اور نشانہ بھی۔ نشان محنت کشوں کے اور نشانہ غنیموں کے۔ حیدر آباد

میں اس زمانے میں یعنی اس صدی کے چوتھے دہے میں ایک انجمن تھی، انجمن طلباء قدیم جامعہ عثمانیہ حیدرآباد میں ایک دارالترجمہ بھی ہوا کرتا تھا۔ اس لیے انگریزی، فارسی، عربی لفظ کا ترجمہ آسانی سے دستیاب ہو جاتا تھا۔ 'طلیسان' گریجویٹ کا ترجمہ تھا۔ اس انجمن میں جامعہ عثمانیہ کے سارے فارغ التحصیل طلباء، بلالحاظ صنف و سن اور بلالحاظ فرقہ و مذہب بحیثیت رکن شامل تھے۔ تعلیم یافتہ طبقے کی انجمن تھی اور راج بہادر گوڑ حالانکہ ڈاکٹر یعنی ایم بی بی ایس تھے، اس انجمن کے رکن تھے۔ ان کا سر ان دنوں بے حد گرم تھا۔ اسٹرانگ ہیڈ (Strong Head) تو تھے ہی جب اس انجمن کے سالانہ انتخابات کا موقعہ آتا تھا تو سارے شہر میں ایک منی زلزلہ آ جاتا تھا۔ اچھا جانے دیجئے منی زلزلہ نہ سہی، موی میں طغیانی تو آ ہی جاتی تھی۔ جامعہ عثمانیہ میں زیر تعلیم آرٹس اور سائنس کے کنواروں (بیچلرس) کو انجمن کا رکن بننے اور ووٹ دینے کے لئے ورغلایا جاتا تھا۔ اقامت خانوں کا باضابطہ محاصرہ عمل میں آتا تھا۔ محاصرہ کرنے والوں کی کمان یا تو راج بہادر گوڑ کے ہاتھوں میں ہوتی تھی یا مخدوم محی الدین کے ہاتھوں میں کہنے کو تو یہ چار تھے لیکن تھے دو ہی بلکہ صرف ایک، راج بہادر گوڑ آل انڈیا اسٹوڈنٹس فیڈریشن کے نمائندے ہوا کرتے تھے۔ مخدوم محی الدین اور راج بہادر گوڑ اپنے مشاغل دنیوی کی ناؤ پر بالعموم سب کی آنکھوں میں کھٹکتے تھے۔ یوں سمجھئے حیدرآباد میں آشوب چشم کے محرکین تھے۔ راج بہادر گوڑ بنیادی طور پر شریف آدمی تھے اس لئے انھوں نے ڈاکٹری نہیں کی۔ مردم آزاری ان کا شیوہ نہیں تھا۔ ڈسپنسری نہیں قائم کی بلکہ نوجوانوں کے لئے سیاسی نرسری قائم کی۔ مقرر تھے اس لئے بولتے بھی تھے۔ مخدوم محی الدین کی طرح تقریر میں "طوفان میل" کی رفتار کو مات نہیں کرتے تھے لیکن اردو اتنی ہی شستہ فصیح اور دلاویز استعمال فرماتے تھے۔ دھیمی رفتار سے تقریر شروع کرتے اور چند ہی لمحوں میں 'سیلاب' کا سماں پیدا کر دیتے، لیڈر بننا انھیں پسند تھا۔ جانتے تھے کہ ورکر کو لیڈر پر فوقیت حاصل ہے۔ کیمون میں ان کی تربیت ہوتی تھی اس لئے عادات و اطوار میں بے حد منظم تھے۔ انھوں نے اپنی بینائی کو صرف مطمعِ نظر ہی تک محدود رکھا۔ دانائی بہت پھیلائی۔ صرف زبان کے نہیں قلم کے بھی دھنی تھے، دوسرا کوئی دھن ان کے پاس نہیں تھا (ہوگا بھی تو [illegible] ہوگا۔ ادب میں بھی ان کا دخل اتنا زیادہ تھا کہ ادیبوں کو اپنی کوتاہ قامتی کا احساس ہونے لگتا

تھا۔"پیام" روزنامہ تو ان کا اپنا اخبار تھا۔ان کے کورے کاغذ بھی چھپ جاتے تھے۔مزاج میں جلد بازی کی عجلت تھی۔ایک مرتبہ تو مجھے لتاڑ دیا۔میں نے لطیف ساجد کا ایک خاکہ لکھا تھا جس میں ان کی شاعری کا بھی (بخوبی) ذکر تھا۔راج بہادر گوڑ سمجھے کہ میں شاعر کو ٹھیک سے سمجھا ہی نہیں۔دوسرے ہی دن 'پیام' میں ان کا ایک مضمون موجود تھا اور مضمون میں میری کج فہمی کا تفصیلی ذکر تھا۔کئی سال بعد انھوں نے مجھ سے کہا کہ انھیں غلط فہمی ہوئی تھی۔

راج بہادر گوڑ کے مطالعے کی عادت اب بھی برقرار ہے۔وہ کتابیں بھی پڑھتے ہیں اور پرزے بھی۔ بہت چوکنا رہتے ہیں (زاغ وزغن نے چوکنا رہنا انھیں سے سیکھا ہے)۔ بے حد بلکہ غلو کی حد تک کمیونسٹ ہونے کے باوجود رحمت اللعالمین اور رحمت المسلمین کا فرق جانتے ہیں اور اس نکتے کی وضاحت اس خوش دلی اور خوش بیانی کیساتھ کرتے ہیں کہ معلوم ہوتا ہے ندوۃ العلماء سے فقہ وحدیث پڑھ کر آرہے ہیں۔'خداترس (God Fearing) تو وہ پیدائشی ہیں۔یہ دور والہانہ محبت کا ہے لیکن نہیں ایک معاملہ ہے جسمیں وہ بیحد رجعت پسند بلکہ قدامت پرست ہیں اور آثار قدیمہ کے نہیں، اقدار قدیمہ کے ناظم معلوم ہونے لگتے ہیں۔

ان کی دو شہ زوریاں ہیں۔حیدرآباد اور اردگرد کے لوگ کہتے ہیں: اگر یہ اور مخدوم حیدرآباد سے باہر جانے پر راضی ہوجاتے تو سیاسی افق پر ان کی چمک دمک کچھ اور ہوتی لیکن کہنے والے یہ جانتے کہ ان کی عدم موجودگی سے آندھراپردیش میں کتنی دھند چھا جاتی۔(اس نکتے پر صرف میں نے غور کیا) یہ دونوں روشنی کے قمقمہ انگیز اور بلب پرور (Bulp) چلتے پھرتے ستون تھے۔

زندگی کے سفر میں راج بہادر گوڑ ہمیشہ کمربستہ رہے ہیں اور ان کی اسی عادت کی وجہ سے ان کی کمر اب ایک مضبوط بیلٹ (Belt) میں محصور ومقید رہتی ہے۔کمر کا یہ طریقہ استعمال صرف چند لوگوں کی حد تک محدود ہے۔بس ان کی اس پٹی میں کارتوس نہیں ہیں اور ان کی انھیں اس لئے ضرورت نہیں ہے کہ وہ زبان کا استعمال جانتے ہیں۔وہ چنبیلی کے پھول بھی بانٹتے ہیں اور ضرورت پڑنے پر آتش نوا بھی ہوجاتے ہیں۔

موصوف اس لحاظ سے بھی معروف ہیں کہ کبھی اپنے گھر پر نہیں پائے جاتے گھر

میں ہوتے بھی تو گھر سے اور گھر والوں سے بے نیاز۔ اور اب تو تالیف وتصنیف کی طرف راغب ہوئے ہیں۔ ان کا اصل میدان نہ سہی ایک میدان بہر حال یہ بھی تھا۔ غالب کو دیدۂ تر یاد آیا تھا انھیں میوۂ تر یاد آیا۔ شعروادب نوعیت میوۂ تر ہی کی تو ہے۔ ایسے شیریں اور رس بھرے انبہ وانگور اور کہاں پائے جاتے ہیں۔ یہ نکتہ یاد رکھئے کہ تصنیف وتالیف ایک شریفانہ کام ہے اگر راج بہادر گوڑ اس سے پہلے اس طرف رجوع نہیں ہوئے تھے تو اس کا یہ مطلب نہیں ہے کہ وہ تازہ تازہ شریف ہیں۔ اگر وہ ٹریڈ یونین لیڈر نہ ہوتے اور خاصۂ خاصان شہر میں سے ہوتے تو شریف الدولہ کا خطاب ان کا حق تھا۔ ان کی پہلی کتاب چھپی تو سید حامد صاحب نے اس کتاب کی اتنی تعریف کی کہ دل مراسوزنہاں سے بے محابا جل گیا۔ لیکن میں اندر ہی اندر نہیں جھلستا رہا۔ اپنی کیفیت میں نے صاحب مضمون پر بے محابا ظاہر کردی اب انھیں یاد ہو یا نہ یاد ہو۔

راج بہادر گوڑ نے اہل حیدرآباد کو اپنی تاریخ پیدائش کبھی نہیں بتائی۔ صرف وہ اور جواد رضوی اس بات سے واقف تھے ان کی زبان تو نہیں کھلی لیکن جواد رضوی ''شکایت کر بیٹھے۔ موصوف ۱۹۱۸ء کے باشندے ہیں۔ شاید بارش کا موسم تھا ورنہ عام طور پر حیدر آباد میں لوگ سرما اور گرما میں پیدا ہونے کے عادی تھے۔ حیدرآباد میں گو کہ تعلیم کم تھی لیکن اداروں میں عطیات کا رواج نہیں تھا۔ خود طالب علموں کو ایک عطیہ غیبی سمجھا جاتا تھا۔ ۱۹۴۲ء میں ایم بی بی ایس ہو گئے اور اس چہار حرفی ڈگری کو کبھی استعمال نہیں کیا لیکن اپنی مصروفیات چار طرف پھیلا دیں۔ زیر حراست بھی رہے سرخرو تو تھے ہی روپوش بھی ہوئے۔ یہ روپوشی اصل میں سرخ پوشی کا شاخسانہ تھی۔ راجیہ سبھا کے جب ممبر ہوئے تو پھر کسی کے بس میں نہیں آئے۔ راج بہادر گوڑ کی عمر تاریخ پیدائش اسلئے بھی تفتیش طلب رہی کہ یہ جس زمانے کی پیداوار ہیں اس زمانے میں والدین بچوں پر توجہ کیا کرتے تھے۔ بچوں کی تاریخ پر نہیں۔ مدرسوں میں بھی تاریخ پیدائش اس طور پر لکھوائی جاتی تھی کہ خارجاً مسموع اب کہ صاحبزادے فلاں واقعے کے دس سال بعد پیدا ہوئے ہیں یہ واقعہ بالعموم اردو موسیٰ کی طغیانی سے تعلق رکھتا تھا یا مابعد طغیانی ہوا تو کسی عمارت کی تعمیر یا انہدام اس کا تعلق ہوتا تھا۔ اس معاملے میں کہا جاتا ہے کہ گھروں میں تاریخ کی تاریخ ووالادت کے موضوع پر

والدین تک میں اختلاف رائے ضروری تھا اور یہ بحث کسی سمپوزیم کی طرح ہمیشہ بے نتیجہ رہا کرتی تھی۔ ریاست حیدر آباد میں تو اختلاف رائے کے اس لئے بھی عمدہ مواقع حاصل تھے کہ وہاں چار جنتریوں کا رواج تھا اور ان میں سے ایک جنتری سند فصلی کی بھی ہوا کرتی تھی۔ ساون بھادوں کے مہینے میں بھی رائج رواج تھے۔ رجب اور شعبان کے بھی اور جنوری فروری علاوہ خورداد اور امرداد کے بھی۔ راج بہادر گوڑ انھیں ہر جنتریوں کے اسیر ہے۔

راج بہادر گوڑ نے شاعری نہیں کی حالانکہ یہ ہر اردو بولنے والے کا حق ہے۔ زیادہ سے زیادہ عروض کی غلطی کرتے جو بھی شاعر کرتے ہیں۔ زبان تو بہر حال صحیح استعمال فرما سکتے تھے۔ سخن فہمی کا مقابلہ کبھی ہوا نہیں اگر کہیں اور کبھی ہو تو شاعر کے شعر کہنے سے پہلے سمجھ پائے کہ اس نے کیا کہا ہے۔ مخدوم محی الدین کا پورا کلام انھیں حفظ ہے حالانکہ یہ ان کے نصاب میں نہیں تھا۔

زندہ دلان حیدر آباد زیر کے ملبوں کے تحت ہمہ تن گوش سامع شریک ہونے کے عادی ہیں۔ داد اس طرح دیتے ہیں گویا ہوٹ کر رہے ہوں۔ مزاحیہ اجلاس اسی قسم کی داد کے طلب گار ہوتے ہیں۔

غالب کو تفتہ اور شیفتہ جیسے دوست ضرور ملے لیکن اگر انھیں راج بہادر گوڑ دستیاب ہو جاتے تو شاید وہ ہائے ہائے کی ردیف کی غزل نہ کہتے اور یہ تو ہرگز نہ کہتے دنیا سے رسمِ دوست داری اٹھ گئی ہے۔

مشفق خواجہ

مشفق خواجہ اپنے خطوط میں بڑے شوخ و شنگ اور اپنے کالموں میں بڑے دبنگ دکھائی دیتے ہیں۔ لیکن مجمع کے نام سے ان کی جان پر بن آتی ہے۔ یہ تھوڑی کوشش اور کریں تو پردہ نشینوں میں ان کا نام آسکتا ہے۔ پچھلے کئی سال سے ہندوستان آرہے تھے لیکن انہیں چکتے تھے۔ اپنے مخطوطوں کی کھدائی میں مصروف تھے۔ ان کے کام کی تفصیلات معلوم کرنے کی میں نے کبھی کوشش نہیں کی۔ مجھے اندازہ تھا کہ یہ الگ قسم کے محقق ہوں گے۔ ۱۶ سال تو انجمن ترقی اردو سے منسلک رہے۔ انجمن سے منسلک ہونا اور مولوی عبدالحق سے منسلک ہونا اور بات، مولوی عبدالحق خود تو کام کرتے ہی تھے۔ لیکن اپنے ساتھ کام کرنے والوں کو بھی چین سے نہیں بیٹھنے دیتے تھے۔ میں سمجھتا ہوں کہ شیخ چاند اور پاکستان کے مشفق خواجہ نے انجمن کا جتنا کام کیا شاید ہی کسی تیسرے شخص نے اتنا کام کیا ہوگا۔ مشفق خواجہ خوش قسمت رہے ان کی صحت نے ان کا ساتھ دیا اور یہ آج بھی صورت شکل سے محقق

نظر نہیں آتے۔(شریف آدمی دکھائی دیتے ہیں) تحقیق کے معاملے میں یہ شیخ چاند ثانی ہیں۔اور خط وکتابت کے معاملے میں یہ رضا نقوی واہی کے ہم پلہ خطوط نگار ہیں۔نہایت تفصیل سے خط لکھتے ہیں اور جب تک کاغذ کے صفحے کی آخری حد پر نہیں پہنچ جاتے دستخط نہیں کرتے۔(اسٹیشنری ہمیشہ ڈبل ڈیمائی سائز کی استعمال کرتے ہیں) کوئی اور شخص جوان کے کام سے واقف نہ ہو اگر ان کے خط پڑھے تو یہی سمجھے کہ موصوف کو کوئی اور شوق نہیں ہے میرے پاس ان کے ڈھیر سارے خط جمع ہیں جو نہایت ہی قلیل مدت میں جمع ہوئے ہیں۔جو سلوک انہوں نے میرے خطوط کے ساتھ کیا ہے تقریباً وہی میں نے بھی ان خطوں کے ساتھ روا رکھا ہے۔مجھے ان کے کئی خط ابھی پڑھنے ہیں (اللہ تعالی میری عمر دراز کرے)۔

مشفق خواجہ ہندوستان کیا آئے ایک چھوٹا موٹا زلزلہ آگیا۔قسمت کہ صرف دو چار شہر متاثر ہوئے۔دہلی، ممبئی، لکھنو اور بھوپال کہا جاتا ہے کہ یہ پچھلے ۳۷ سال سے مالک رام صاحب سے خط وکتابت کر رہے تھے۔اور انہیں دلاسہ دیتے رہے کہ میں حاضر ہو رہا ہوں۔حاضر ہو رہا ہوں۔لیکن ان کا یہ حاضر ہونا اس حاضر ہونے کی طرح کا تھا جو حیدرآباد فرخندہ بنیاد میں رائج تھا۔حیدرآباد میں جب کوئی ملاقاتی صاحب خانہ سے رخصت ہوتا تو یہی کہتا میں حاضر ہوتا ہوں۔اور غائب ہو جاتا۔(مطلب غالباً یہ ہوتا ہوگا کہ میں پھر کبھی حاضر ہوں گا۔بہر اہوں میں تو چاہے دونا ہو التفات کی طرح یہ بھی فکر شاعرانہ تھا) لیکن جب مالک رام نے لکھ دیا کہ اب اگر تم نہیں آئے تو تمہارا آنا فضول ہوگا۔اور یہ بھاگے بھاگے چلے آئے۔اسے اتفاق کہئے کہ ۱۸ دسمبر کو جب یہ دلی سے کراچی واپس جا رہے تھے اور مالک رام صاحب کو خدا حافظ کہنے ان کے گھر گئے تو یہ خاکسار بھی ''حاضر'' تھا۔مالک رام صاحب کوئی آدھا گھنٹہ ہنس بول کر باتیں کرتے رہے۔(اپنی آنکھ کے آپریشن کے بعد وہ ابھی ابھی مخاطب کو دیکھ کر بات کرنے کے قابل ہوئے ہیں)۔لیکن جب ''خدا حافظ'' کہنے کا وقت آیا تو وہ پھاٹک تک چل کر آئے اور ان کی آنکھیں بھر آئیں۔

مشفق خواجہ نے بھی راستہ بھر چپ سادھ لی۔ان دونوں ''محققین'' میں

عمروں کے اس تفاوت کے باوجود اتنا غضب کا بہناپا دیکھ کر میں تو حیران رہ گیا (بہنوں کی محبت زیادہ مشہور ہے) خلیق انجم بھی کافی متاثر اور متاسف نظر آئے لیکن انہیں چونکہ اپنی گاڑی چلانی تھی (جو مشکل سے چلتی ہے) اس لئے خود کو سنبھالے رہے۔ خلیق انجم کا ذکر یہاں اس لئے بھی ضروری ہے کہ انہوں نے شاہد علی خاں کے ساتھ "سازش" کر کے "مشفق خواجہ -ایک مطالعہ" نام کی ایک کتاب "پلک جھپکتے" میں چھاپ دی۔ ڈیمائی سائز کی ۱۴۳ صفحوں کی یہ کتاب مضمون نگار حضرات کی زود قلمی، مکتبہ جامعہ کی سرعت طباعت اور فاضل مرتب کی عاجلانہ ترتیب کاری پر دال ہے۔ ایسا معلوم ہوتا ہے یہ سب کام راتوں رات ہوا اور مشفق خواجہ کے فرشتوں کو بھی اس کی خبر نہیں ہوئی۔ مشفق خواجہ جنہوں نے دلی اور ممبئی میں (عام) جلسوں کے انعقاد کے خلاف نہایت کامیاب ہڑتال کی یہاں بری طرح پسپا ہو گئے (یہ وار بھی تو پشت سے کیا گیا تھا) مشفق خواجہ جب دلی سے ممبئی کیلئے روانہ ہوئے تو ان کے یہاں پہنچنے سے پہلے خلیق انجم کے خط، مراسلے، پیام، ٹیلی گرام اور ٹیلی فون یہاں پہنچے کہ انہیں فلاں تاریخ تک دلی واپس بھیج دیا جائے کیوں کہ ان کی کتاب کی رسم اجراء وہاں انجام دی جائے گی اور یہ کہ اس کے دعوت نامے تقسیم کئے جا چکے ہیں اور گورنر ہریانہ مظفر برنی صاحب نے صدارت کا وعدہ کرلیا ہے۔ فاضل مکتوب نگار اور تقریب کے الداعی نے عالم سراسیمگی میں یہاں تک لکھ دیا کہ مکتوب نگار کے علاوہ مالک رام صاحب اور انجمن ترقی اردو کی عزت خطرے میں ہے (ہمارے یہاں پر بڑی مشکل ہے کہ عزت اور اس قسم کی دوسری اشیاء بہت جلد خطرے میں پڑ جاتی ہیں) بہر حال وہ نازک گھڑی ٹل گئی اور مذکورہ بالا تقریب بخیر و عافیت منسوخ ہو گئی اور نتیجے میں میں مشفق خواجہ کے پائے استقلال کا قائل ہو گیا۔ اس میں جنبش نہیں آئی ورنہ پائے مرا لنگ نیست کہہ کر یہ پھر دلی کے لئے دوڑ پڑتے تو پھر میں انہیں کہاں پکڑتا۔

مشفق خواجہ اصل میں عبدالحیٔ ہیں۔ کیوں کہ یہی ان کا سرکاری نام ہے۔ ادب میں عبدالحیٔ تاباں کے بعد جتنے بھی لوگ آئے قلمی نام سے آئے اس لئے یہ بھی عبدالحیٔ باقی نہ رہے۔ تحقیق کے میدان میں ان کی فتوحات اور تعداد اور مقدار کے لحاظ سے اتنی ہیں کہ میں ان کا ذکر نہیں کر سکتا۔ لیکن یہ تو کہوں گا ہی کہ "جائزۂ مخطوطات اردو" کی پہلی جلد صرف

۱۲۴۸صفحات پر مشتمل ہے اور یہ اس قسم کی مزید ایک درجن جلدیں شائع کرنے پر تلے ہوئے ہیں۔ ۱۹۷۴ء سے یہی کام کررہے ہیں اور ظاہر ہے کہ آئندہ بھی یہی کرتے رہیں گے۔ادبی رسائل کی ادارت یہ اس وقت سے کررہے ہیں جب انہیں شاید ٹھیک طریقے سے معلوم بھی نہ ہو کہ یہ کیا کررہے ہیں۔ سہ ماہی ''اردو'' ماہنامہ قومی زبان اور رسالہ قاموس الکتب کے یہ مدیر رہے اور انجمن کے شعبہ تحقیق و مطبوعات کے نگراں بھی رہے۔ (چشم نگراں انہیں وہیں سے ملی) اب ''تخلیقی ادب'' کے مدیر ہیں۔ پانچ جلدیں شائع ہوئی ہیں۔ تخلیقی ادب برائے نام رسالہ ہے ورنہ یہ اصل میں کتاب بلکہ کتاب الکتاب ہے۔ جب بھی چھپتا ہے پاکستان میں کاغذ نایاب ہوجاتا ہے۔کبھی ۸۰۰ صفحے کا کبھی ۶۰۰ صفحے وغیرہ وغیرہ۔ اس رسالے کی کیفیت یہ ہے کہ یہ ہندوستان میں جگہ جگہ پایا جاتا ہے اور اسے پڑھنے کیلئے ملازمین سرکار، رخصت خاص اور عام لوگ سنیاس لیتے ہیں۔ مدیر محترم سے البتہ میں پوچھ نہیں سکا کہ وہ اپنے رسالے کو خود کے مطالعے کا شرف کب اور کیسے بخشتے ہیں (یا اسے صرف بخشتے ہیں) شاعر بھی ہیں اور اب ہندوستان میں رہ کر انہیں پتہ چلا کہ وہ واقعی شاعر ہیں اور اپنی شاعری پر انہیں شرمانے کی ضرورت نہیں۔ یہ بھی قابل ذکر چیز ہے۔ایسا معلوم ہوتا ہے کہ انہوں نے اپنا کلام بہت کم موقعوں پر سنایا ہے۔ سناتے ہیں تو ایسا معلوم ہوتا ہے فیض احمد فیض سے مقابلہ کررہے ہیں۔شعر ترنم سے پڑھنا ہو تو جمیل الدین عالی یا حمایت علی شاعر کی طرح اور تحت میں پڑھنا ہو تو جوش اور کیفی کی طرح پڑھنا چاہئے ورنہ فرمائش کرنے والوں سے کہنا چاہئے کہ خود پڑھ لیں۔

''مشفق خواجہ ایک مطالعہ'' میں (جو 'کتاب نما' کا خاص نمبر ہے) مخمور سعیدی نے انہیں اچھا لقب دیا ہے۔ لقب ہے ''خود فراموش شاعر'' مشفق خواجہ کی شاعری سے واقف ہونا چاہتے ہوں تو آپ یہ مضمون پڑھ لیجئے میں شاید انصاف نہ کرسکوں (ہاں صاف ضرور کرسکتا ہوں)

خواجہ مشفق اور بیگم خواجہ مشفق مجھے میڈ فار ایچ ادر نظر آئے اور ان دونوں کا سنگم اس لئے بھی بھایا کہ آمنہ مشفق ہندوستانی نژاد ہیں (لکھنؤ کی) اور مشفق خواجہ لاہور کے اصلی باشندے ہیں اور ممبئی میں ایک دو جگہ انہوں نے کسی سے پنجابی زبان میں بات بھی کی لیکن

ایسا معلوم ہوا کہ شادی کے بعد وہ لب ولہجہ تو جاتا رہا۔ اقبال نے بھی اسی لئے کہا تھا۔

"وجودِ زن سے ہے تصویرِ کائنات میں رنگ"

شادی کے بعد لب ولہجہ فوراً یعنی زن سے مکر جاتا ہے۔

گوپی چند نارنگ

گوپی چند نارنگ کی شخصیت کے پہلو دار ہونے کا ایک ثبوت یہ ہے کہ انہیں ہندوستان میں کسی پہلو قرار نہیں آتا۔ دلی میں ان کا ایک گھر بھی ہے (اور کیا گھر ہے دیکھنے والوں کے دل میں گھر کر لیتا ہے) لیکن یہ دلی میں ہی نہیں رہتے تو گھر میں کہاں سے رہیں گے۔ اس سے ان کی فطری صفائی پسندی بھی ظاہر ہوتی ہے۔ دلی میں اگر کسی وجہ سے ذرا سا بھی غبار ہو تو وہ اسے گھر کے باہر ہی نکالتے ہیں۔ ویسے دل کے غبار آلودہ ہونے کیلئے کسی وجہ کا ہونا ضروری نہیں ہوتا۔ پہلودار شخصیتیں عام طور پر نزاعی ہوتی ہیں جو ایک اچھی اور خوش آئند بات ہے۔ نزاعی ہونے کی وجہ یہ ہوتی ہے کہ اس میں اتنے پہلو کیوں ہیں۔ گوپی چند نارنگ سے لوگ خوش بھی رہتے ہیں اور خفا بھی۔ لوگوں کی خوشی تو شاید برملا ہوتی ہے لیکن ان کی خفگی خفی ہوتی ہے اور صرف اس وقت ظاہر ہوتی ہے جب..... لیکن میرا خیال ہے اس کا موقعہ بھی نہیں آتا کیوں کہ گوپی چند نارنگ میں اور بہت سی صلاحیتوں کے ساتھ یہ صلاحیت

بھی موجود ہے کہ وہ خوش رہنے اور خفا رہنے والے احباب اور ارباب دونوں کو موقع ہی نہیں دیتے کہ وہ اپنا موقف بدلیں۔ ان دونوں اقسام کے افراد کے درمیان بھی کچھ لوگ ہوتے ہیں جو بین بین ہوتے ہیں۔ یہ آزاد امیدواروں کی طرح کے لوگ ہوتے ہیں جن کی آواز یا تو طوطی کیطرح ہوتی ہے یا اس توتے کیطرح جسے سکھا پڑھا کر بولنے کے قابل بنایا جاتا ہے۔

گوپی چند نارنگ کھلی فضا کے آدمی ہیں۔ انہیں جب بھی دیکھا گیا ہے پر تولتے دیکھا گیا ہے۔ ہوا کے گھوڑے پر سوار ہونا ایک محاورہ تھا اور یہ اس وقت وجود میں آیا تھا جب ہوا کے گھوڑے تھے نہیں۔ گوپی چند نارنگ نے اس محاورے کو عملی جامہ پہنایا بلکہ شال اوڑھائی۔ انہیں طیران گاہ پر اتنا دیکھا گیا، اتنا دیکھا گیا کہ لوگ یعنی کچھ دیدہ ور قسم کے لوگ انہیں کسی ہوائی سروس کا ایسا نمائندہ سمجھنے لگے جو مفتی لباس میں ہو۔ لغات شعوری میں مفتی اس سرکاری شخص کو کہا جاتا ہے جو کوتوالی کے فرائض انجام دیتا ہو اور وردی میں ملبوس نہ ہو اور شکار خود شیر کی کچھار میں چلا آئے۔ گوپی چند نارنگ اردو کے خدمت گار ہیں اور اردو کی ماحی بقاء کیلئے سال کے ۱۲ مہینے سفر کرتے رہتے ہیں۔ لیکن یہ ایسے مسافر ہیں جن کا تعلق سفر سے کم اور سفارت سے زیادہ رہا ہے۔ کہا جاتا ہے کہ اردو زبان کو ملک سے باہر اپنی بقاء کیلئے ان سے بہتر سفیر میسر نہیں آیا۔ اگر چہ یاروں نے بہت زور "سفر" پر نہیں مارا۔ میں اس خیال سے متفق ہوں بلکہ یوں سمجھئے کہ یہ خیال ہے ہی میرا۔ گوپی چند نارنگ اس سلسلے میں ساری دنیا کا سفر کر چکے ہیں۔ کرۂ زمین پر قطب شمالی اور قطب جنوبی پر نہیں گئے اس لئے نہیں گئے کہ اردو ابھی وہاں پہنچی نہیں ہے اور خلا میں چاند پر نہیں گئے۔ چاند پر جانے میں کوتاہی ان کی طرف سے نہیں ہوئی بلکہ نظام شمسی ہی کچھ اس قسم کا ہے کہ فی الحال ہر شخص چاند پر نہیں جاسکتا (ہنی مون پر جانے کی بات اور ہے کیوں کہ اس میں چاند خود ہم سفر ہوتا ہے) گوپی چند نارنگ اکثر و بیشتر ہندوستان بھی آتے جاتے رہتے ہیں کیوں کہ اردو اب بھی یہاں پائی جاتی ہے۔ بیحد ملنسار اور خلیق آدمی ہیں اس لئے انہیں مجھ سے بھی ملنے میں عار نہیں ہے دو تین ملاقاتیں تو حیرتناک طور پر دلی میں ہوئی ہیں۔ (ورنہ ملک کے اور شہروں میں تو ہوتی رہی ہیں) اب ایک ملاقات کا ذکر ہی سن لیجئے۔ بہت پہلے کی بات ہے یعنی اس وقت کی جب مرحوم عمیق حنفی آل انڈیا ریڈیو دہلی میں برسر (پے) کار تھے اور انہوں نے ریڈیو پر طنز و مزاح کی ایک محفل

ترتیب دی تھی (اسٹوڈیو میں) اس محفل میں فکر تونسوی اور احمد جمال پاشا بھی شامل تھے یہ کوئی بیس سال پرانی بات ہوگی ہم سب نے اپنے اپنے مضامین سنائے تھے اور یہ سمجھ کر سنائے تھے کہ یہ مزاحیہ ہیں۔ گوپی چند نارنگ نے بھی یہ پروگرام دیکھا تھا۔ بظاہر کافی متاثر تھے اس زمانے میں ان کی حس مزاح بہت سرگرم تھی اتنی سرگرم کہ انہوں نے سارے مزاح نگاروں کو اپنے گھر چائے (وغیرہ) نوشی کیلئے اپنے گھر بلایا اور سب کو ان کی پسند کی مشروب سے مسرور و مخمور کیا اور مجھ پر کرم یہ کیا کہ ''کسٹم فری'' بوتل کا منہ مجھ سے کھلوایا (کسی بوتل کی رسم اجرا کے انعقاد کا یہ پہلا واقعہ تھا) جس طرح کتابوں کی رسم اجراء کوئی ناخواندہ مہمان انجام دیتا ہے میں نے بھی اپنا کام بحسن وخوبی انجام دیا۔ گوپی چند نارنگ بہت خوش تھے کہ مزاحیہ مضمون سننے کا کیسا انتقام لیا۔ کئی سال بعد وہ حیدر آباد کی ''ورلڈ ہیومر کانفرنس'' میں مہمان خصوصی کی حیثیت سے شریک ہوئے اور ایک سنجیدہ اجلاس کی شاید صدارت بھی کی۔ (مزاح سے ایک تنقید نگار کا اتنا تعلق مزاح کیلئے بہت کافی ہے) دلی میں ان سے ایک مرتبہ کسی سیمینار کم عشائیہ میں بھی ملاقات ہوگئی۔ کھانے کی میز تک رسائی آسان نہیں تھی میں قطار میں ان کے پیچھے تھا۔ اتفاق ہے، ورنہ ان کا پیچھا کون کر سکتا ہے۔ انہوں نے مجھے ''بیرونی مہمان'' جان کر مجھے اپنی صف میں میری پیٹھ پر ہاتھ رکھ کر اپنے آپ سے آگے کر دیا (ان کے آگے بھلا کون جا سکتا ہے) میں نے عرض کیا آپ نے میری پیٹھ پر ہاتھ رکھا ہے اب مجھے کسی نہ کسی ایوارڈ کے ملنے کا خطرہ پیدا ہوگیا ہے۔ وہ ذکی الحس بھی ہیں اور بیحد زود فہم بھی۔ بولے دور سے پتھر پھینکتے ہو، مسکرائے بھی اتنے کہ پیشانی تک مسکراہٹ پھیل گئی۔ اردو میں خندہ جبیں لوگ ہیں ہی کتنے (صرف چند) مجھ میں اور ان میں یہی ''خندیدگی'' شاید وجہ اتصال ہو ورنہ وہ ٹھہرے ''ساختیات'' کے موجد و مبلغ اور میں شکست و ریخت کا مقلد و نقیب۔ یہ اور بات ہے کہ میری آواز طوطی کی آواز ہے۔

گوپی چند نارنگ اپنی علمی اور ادبی مصروفیت کے علاوہ ثقافتی بلند و بالا فتوحات کے باوجود بڑے رکھ رکھاؤ کے آدمی ہیں۔ (جسے جہاں رکھنا ہے رکھ دیتے ہیں) مہذب اور بردبار (بار تو دوسروں پر پڑتا ہے) میں ان سے بہت زیادہ نہیں ملا ہوں لیکن میں نے دیکھا بھی ہے اور سنا بھی ہے کہ وہ کسر نفسی پر کوئی کسر اٹھا نہیں رکھتے۔ کسی سخت بات کا جواب بھی

دیتے ہوں تو اس انداز سے جیسے دہی کو لسی میں منتقل کر رہے ہوں یا دودھ کو ملک شیک میں (سب کو ہلا دیتے ہیں) معترض یا مخاطب کے اشتعال کو انفعال میں اس کی تعزیز کو تعظیر میں اور خود پر لگائی گئی فرد جرم کو مدعی کے فرد حساب میں بدل دینا وہ بھی اس طرح کہ مشرقی آداب پر خراش تک نہ آئے گوپی چند نارنگ کا فن یا گرنہیں ان کا مزاج ہے۔ ان کے مصالح انتظامی بہت ہیں لیکن ان کی صلح جوئی مقدار میں مصالح کی تعداد سے زیادہ ہے۔

گوپی چند نارنگ نے ایک محفل میں نارنگ کے معنی یہ بتائے کہ نارنگ وہ جس پر کوئی رنگ نہ چڑھ سکے چونکہ یہ ان کے قول کے مطابق لغوی معنی ہے اس لئے میں مان لیتا ہوں لیکن ان پر اردو کا جو رنگ چڑھا ہے (اور دن بدن گہرا ہوتا جا رہا ہے) اس سے وہ کیسے انکار کریں گے۔ وہ ہر جگہ خواہ وہ مقام دنیا کے نقشے میں ہو یا نہ ہو۔ اسی رنگ میں رنگے ہاتھوں پکڑے جاتے ہیں۔ یہ عجیب وغریب اتفاق نہیں ہے ایک (خوشگوار) حادثہ ہے کہ میری ان سے شکاگو میں بھی ملاقات ہوگئی اور مجھے وہاں ان کے ''اعزاز'' میں منعقدہ ایک جلسے میں شریک ہونے کا موقع ملا۔ موضوع تھا امیر خسرو کی پہیلیاں۔ حیدر آباد دکن کے حبیب صاحب نے جو امیر خسرو سوسائٹی کے سربراہ ہیں اس جلسہ کا انعقاد کیا تھا (جلسہ کم لنچ) اور اس موقع پر گوپی چند نارنگ کی تصنیف کی رونمائی کی رسم انجام دی گئی تھی۔ گوپی چند نارنگ (حسب معمول) بہت خوش تھے اور مجھ سے مل کر تو اچنبھے میں مبتلا ہو گئے تھے۔ اتنی گرم جوشی سے ملے کہ مجھے اکبر الہ آبادی کا وہ شعر یاد آ گیا جو انہوں نے مئی اور جون میں پڑنے والی گرمی کے بارے میں کہا تھا۔ (ظاہر ہے جل بھن کر کہا ہوگا) میں نے محسوس کیا (اس میں ہنسنے کی کیا بات ہے) کہ گوپی چند نارنگ کو امیر خسرو کی ذات اور خاص طور پر ان کی پہیلیوں سے قلبی لگاؤ ہے باوجود اس کے کہ وہ ''جدیدیت'' کے قلم بردار رہے ہیں (علم بردار میں نے نہیں کہا اسلئے کہ وہ کوئی اور ہیں علم بردار ہونے کیلئے صرف علم درکار ہوتا ہے علم نہیں) گوپی چند نارنگ کے اس ''رنگ ڈھنگ'' سے کون انکار کرے گا کہ کسی بھی نظر سے ان کا اختلاف خواہ کتنا ہی شدید اور کہنہ ہو اتنا ڈھکا چھپا رہتا ہے کہ غالب یاد آ جاتے ہیں۔

ہے تیوری چڑھی ہوئی اندر نقاب کے　　ہے اک شکن پڑی ہوئی طرف نقاب میں

ایک بات میں نے اور بھی محسوس کی کہ گوپی چند نارنگ وہی صلاحیتوں کے قائل

نہیں ہیں بلکہ وہ اکتسابیات کے قائل ہیں۔ میں حتی الامکان خود کو (اپنی استعداد کی بنا پر) علمی مسائل سے الگ تھلگ رکھتا ہوں لیکن نادانستہ طور پر ابھی حال ہی میں میں نے کہیں ان کا ایک بیان پڑھ لیا جس سے مجھے یہ شبہ ہوا کہ وہ فطری ذوق وغیرہ کی بات کو اتنی اہمیت نہیں دیتے جتنی کہ مجھ جیسے کمزور عقیدے والے لوگ دیتے ہیں اور اس عام رسم کے برخلاف وہ یعنی گوپی چند نارنگ ہر سعادت کو ''زور بازو'' کی پیداوار سمجھتے ہیں۔ اگر وہ اب تک اپنے اس خیال پر بدستور قائم ہیں تو یہ ان کی ثابت قلمی ہے (آپ اسے کرافٹنگ کہئے میں اسے گرافٹنگ کا نام دینا چاہوں گا) یوں دیکھا جائے تو ان کے اس خیال کی روشنی میں یہ نتیجہ اخذ کیا جاسکتا ہے کہ سابق میں جو ہونا تھا وہ ہو چکا لیکن اب آئندہ کوئی ''پیدائشی شاعر'' نمودار نہیں ہو سکے گا۔ ایک لحاظ سے یہ خوش آئند بات ہے اور ساختیات کے حق میں جاتی ہے۔ میں نے کسی زمانے میں فارسی پڑھی تھی اور ''تا نہ بخشد خدائے بخشندہ'' کے الفاظ مجھے اب تک یاد ہیں اس لئے یاد ہیں کہ یہ الفاظ غالب کے اس شعر کے اردو شعر کے مقابلے میں بدرجہا آسان ہیں جس میں وہ فرماتے ہیں۔

شمارِ سبحہ مرغوبِ بتِ مشکل پسند آیا　　　تماشائے بیک کف بُردن صد دل پسند آیا

تیسری بات جو میں نے محسوس کی ہے یہ ہے کہ گوپی چند نارنگ کو بھی تسبیح ہاتھ میں لئے بغیر ''بیک کف بُردن صد دل'' کا گر آتا ہے (گو کہ غالب نے اسے تماشا کہا ہے) میں کس گنتی میں ہوں لیکن اگر کسی شمار میں ہوں تو وہ یہی سو دلوں والی گنتی ہے کہ میرا دل بھی اس میں شامل ہے۔ اب وہ خود (۱۰۰) تک نہ گن پائیں تو بات اور ہے۔ درمیان میں تو میں آنے سے رہا۔

گوپی چند نارنگ کو جب حال ہی میں ساہتیہ اکادمی ایوارڈ کیلئے نامزد کیا گیا تو میرے ذہن میں ایک ناشائستہ خیال یہ بھی آیا کہ جیسی کرنی ویسی بھرنی۔ لیکن میں نے فوراً اس خیال کو اپنے ذہن سے جھٹک دیا کہ اردو تہذیب اس قسم کے ناقص خیالات کی اجازت نہیں دیتی۔ البتہ یہ سمجھنے سے میں قاصر ہوں کہ اس معاملے میں ''باعث تاخیر'' کیا مسئلہ تھا۔

گوپی چند نارنگ کو میں اس وقت یعنی بروقت مبارکباد نہیں دے سکا۔ اب دے رہا ہوں۔ اتنی دیر سے جو یقیناً نادرست ہے۔

مضطر مجاز

میں اپنی (غیر ضروری) مزاح نگاری میں اسطرح معروف رہا بلکہ مستغرق رہا کہ یہ توفیق ہی نہیں ہوئی کہ 1960 کے بعد کی اچھی شاعری اور طرح دار شاعروں سے دل کھول کر لطف اندوز ہوسکوں (طرح دار شاعروں سے مراد وہ شاعر ہیں جو طرحی مصرعوں پر گرہ لگانے سے احتراز کرتے ہیں) لیکن ایسا نہیں ہے کہ مجھ پر غفلت ہی غفلت طاری رہی اور میں نے سوائے اپنے آپ کے کسی کو دیکھا ہی نہیں۔ (میں زیادہ سے زیادہ بس خود پسندی کی حدود میں رہا۔ خودسری کی منزل تک نہیں پہنچ پایا) میرے عرض کرنے کا مطلب یہ ہے اچھا ادب پوری توجہ چاہتا ہے بلکہ یہ تک کہا گیا ہے کہ اتنا ادب لکھا جا چکا ہے کہ اب کسی ادیب اور شاعر کو مزید زحمت کرنے کی ضرورت نہیں ہے لیکن آدمی کی فطرت یہ ہے کہ جب تک وہ خود کوئی چیز تخلیق نہ کرے اس کی انا کی تسکین نہیں ہوتی (میرا بھی یہی معاملہ ہے) لیکن یہ بھی صحیح ہے کہ ادب میں تحدید عائد کردی جائے تو شعر و سخن کے سوتے سوکھ

جائیں۔ادب میں توازن کے ساتھ ساتھ تسلسل اور تقابل کا بھی انتظام لازمی ہے۔

اپنی بے ہنگم مصروفیات کے باوجود میرے ذخیرہ ''اوقات'' میں اتنا وقت تھا کہ میں مضطر مجاز کے گراں قدر سرمایہ ادب سے جتنا بھی خود کی بساط میں ہو، استفادہ کرسکوں مضطر مجاز ملنے پڑھنے اور برتنے کی چیز ہیں جاوید نامہ، کا ترجمہ ان کے شوق عرق ریزی کے ثبوت کے لئے کافی تھا لیکن مضطر مجاز صرف فن ترجمہ کی وودھوسوی' کے شناور نہیں تخلیق کے کرب سے گزر کر اہل ذوق کو فرحت کی کیفیت سے بھی روشناس بلکہ سرشار کرانے کے ماہرین میں سے ہیں۔ان کی سب سے بڑی خوبی یہ ہے کہ وہ اپنے ہر مخاطب کو فارسی داں ہی نہیں بلکہ ماہر حافظیات، سمجھتے ہین حالانکہ خود ایران میں اس نوع کے ماہرین رواج میں نہیں ہیں۔ مجھے تو وہ فارسی اشعار، مصرعوں اور مقولوں سے سرشار ہی نہیں کرتے ان سے زیر بار کرنے میں ایک قسم کی فاتحانہ مسرت محسوس کرتے ہیں۔اس زبان سے میرا پرانا رابطہ جواب آثار قدیمہ بن چکا ہے۔تھوڑا بہت یاد ماضی بن کر سر ضرور ابھارتا ہے لیکن مضطر مجاز سمجھتے ہیں کہ ان کے مخاطب کی اتنی فارسی دانی بھی ان کے حافظے اور یادداشت کو سرسبز اور شاداب رکھنے کے لئے کافی ہے۔مضطر مجاز جب بھی دوران گفتگو کوئی فارسی شعر یا مقولہ بیان فرماتے ہیں ان کی آنکھیں چمکنے لگتی ہیں۔(ان کا مخاطب البتہ چمک جاتا ہے) میرے ساتھ ان کا جو بھی ایرانی سلوک ہے وہ تو خیر ٹھیک ہے لیکن انہوں نے حد یہ کردی کہ اپنے عزیز دوست یوسف کمال کی شادی کے موقعہ پر جو تہنیتی نظم کہی اس میں بھی حافظ کا ایک شعر یوں شامل کردیا جیسے وہ خود ان کا کہا ہوا مطلع ہے۔کافی غلط فہمی پھیلی مطلع دیکھئے کیا صاف مطلع ہے۔بالکل بلوری۔کہا ہے۔

صحن کیا دیوار و در کیا سارا گھر روشن ہوا　　یوں چراغ خانۂ بخت قمر روشن ہوا

دوسرا شعر تو ایک قدم اور آگے ہے۔

کاوکاو سخت جانی ہائے تنہائی کے بعد　　دفعتاً اک نقش پائے ہم سفر روشن ہوا

اور آخر میں فرماتے ہیں

آں شب قدرے کہ گویند اہل خلوت است شب
یارب ایں تاثیر دولت از کدامی کوکب است

مانا کہ حافظ شیرازی ہر لحاظ سے قابل صد احترام ہیں لیکن عین شادی کے دن کسی نوشاہ کو جو پہلے ہی سے خوف و ہراس میں مبتلا ہو ایک فارسی شعر سے اور وہ بھی ایک ایسے شعر سے جو پہلی خواندگی میں سمجھ میں نہ آتا ہو، دو چار کرنا میرے نزدیک کوئی دوستانہ سلوک نہیں ہے۔ میں سمجھتا ہوں شادی کے دن کسی نوشاہ کو رشتہ ازدواج کی تہنیت اور افادیت پر غور کرنے کا موقع دینا چاہئے اور شاید اسی لئے ہمارے یہاں محفل عقد میں جو سہرے پڑھے جاتے تھے ان میں سمجھنے کی کوئی بات نہیں ہوتی تھی۔ ان دو عدد سہروں کا معاملہ الگ ہے جو شہزادہ جواں بخت کی تقریب اسیری، پر رقم کئے گئے تھے۔ اس موقع پر اصل موضوع یہ، سہرے ہی تھے اور شادی کا یہ سیمینار اسی سلسلے میں منعقد ہوا تھا۔ مضطر مجاز نے بہر حال یہ تہنیتی نظم کہی۔ غالب اور ذوق کی طرح اپنی فرض منصبی نہیں انجام دیا۔ اتنا ضرور ہے کہ موقع خواہ کتنا ہی نازک کیوں نہ ہو وہ فارسی شعر کہے بغیر دوسری سانس نہیں لیتے جو حرکت انہوں نے یوسف کمال کے ساتھ کی وہی حرکت انہوں نے اپنے ایک دوست محمد یوسف الدین خاں کے ساتھ بھی کی اور ان کی شادی کے سہرے کی نظم میں حافظ کا شعر بطور مقطع رکھ دیا۔ معلوم نہیں وہ یوسف کے نام کے دوستوں پر کیوں اتنا ظلم کرتے ہیں۔ میں نے سنا ہے یہ دونوں یوسفین ہنوز فارسی کی تکلیف سے نجات نہیں پا سکے ہیں۔ وہ تو اچھا ہوا کہ اب تک کسی اہل ایران کی توجہ مضطر مجاز کی طرف مبذول نہیں ہوئی ورنہ یہ مملکت ایران کے گرین کارڈ کے ساتھ وہاں کے سبزہ زاروں میں گھومتے نظر آتے۔

مضطر مجاز ایک اہم شاعر ہیں اور شاید وہ اسی لئے خود کو نظر انداز کرتے رہے۔ شاعروں سے گریز محفلوں سے اجتناب، ان کو اصل میں مضطر مجاز کے بجائے مضطرب مجاز ہونا چاہئے تھا۔ (مجاز جی صرف شاعر ہونا کافی نہیں ہوتا کچھ گر بھی سیکھنے پڑتے ہیں یعنی وہ گر جو شاعر کو مقبول بناتے ہیں) اپنی اس بے نیازی (جسے آج کل بے راہ روی سمجھا جاتا ہے) کے باوجود مضطر مجاز کی شخصیت اور شاعری میں جو گرفت ہے اس نے انہیں حیدر آباد بلکہ اس برصغیر کی سرحدیں پار کرنے کی ڈھیل فراہم کی۔ ڈھیل کے لفظ پر چونکئے مت، یہ لفظ شاعری میں بھی استعمال ہوتا ہے۔ مثال؟ غالب نے کہا ہے۔

قبلہ کون و مکاں! خستہ نوازی میں یہ دیر　　کعبۂ امن و اماں عقیدہ کشائی میں یہ ڈھیل

(وہ ڈھیل چونکہ شاہانہ تھی اس لئے اس کے معنی الگ تھے)

مظفر مجاز کا پہلا مجموعہ کلام ''موسم سنگ'' 1989 میں شائع ہوا۔ ان کی فکر جو پہلے ہی سے منور تھی اور زیادہ نکھر گئی ہے۔ (یہ میرا مشاہدہ نہیں دعویٰ ہے) مظفر مجاز الفاظ کے انتخاب، مصرعوں کی سجاوٹ بلکہ یوں کہیئے مرصع کاری کا فن جانتے ہیں۔ فلسطین پر آپ نے کتنی ہی نظمیں پڑھی ہوں گی۔ ذرا اس نظم کے تیور دیکھئے۔

اے ارض فلسطین! تو صورت والنجم ہے تو معنی والیشن
تو ارفع و اعلا صفت سورۂ یٰسین
موسیٰ و ابراہیم کا سرمایۂ تسکین
اللہ کے نکلے تری گلیوں سے فرامین
پھر سامریٔ وقت ہوا درپے مومین
پھر آگ کا گلزار بنی وادی سینا
پھر وادی سینا سے بہا آگ کا دریا
پھر آگ کے دریا میں چلی کشتی مسکین

یہ نظم یا تو آبشار ہے یا سیلاب! یہ نظم آپ کو ایک یرغمال کی طرح اپنے قبضے میں رکھتی ہے اور لطف یہ ہے کہ داد و تحسین کا زر نجات لے کر بھی آپ کو چھوڑتی نہیں ہے اور آپ چھوٹنا بھی کب چاہتے ہیں لیکن موسم سنگ اور جنگ کا یہ شاعر رنگ اور چنگ کا بھی شاعر ہے۔

لکھی ہیں کہیں سوکھے ببولوں کی حکایات
آیا ہے کہیں تذکرہ شاخ ثمر بار
گہہ دامن شب اشک چکیدہ سے بھگویا
گہہ فصل بہاراں میں بنے رند طرحدار

اور شاعر کی بصارت نے کبھی اسے شرارت پر بھی آمادہ کیا۔ ملاحظہ ہو۔ شاید یہ منظر آپ نے بھی کبھی دیکھا ہو۔

کتنی چکیلی مہر نکیلی نکلی
شاخ گل اس مہر کی سہیلی نکلی

مسکرائی تو مہک اٹھے گلاب
پاس آئی تو چنبیلی نکلی
(کاش مضطر مجاز پتہ بھی لکھ دیتے)

مضطر مجاز میرے حساب سے بنیادی طور پر غم وغصہ کے شاعر ہیں مثلاً

نکلا تھا میں تلاش میں چہروں کے دیس کی | اور آ گیا بھٹک کے نقابوں کے شہر میں

ان کے ہاں سنگ خشت کے شعر بھی بہت ہیں اور وہ جب کچھ کہنے پر آتے ہیں تو شعری لفظیات کی پروانہیں کرتے۔ ظلم اور قتل کو دیکھنے والا شاعر عش عش کر بھی نہیں سکتا۔ غش کھا کر گر پڑتا ہے۔

وقت کے بارے میں شاعر نے کیا خوبصورت شعر کہے ہیں۔

میری آواز تھک کے بیٹھ گئی | بھاگتا جا رہا تھا بہرا وقت

اور

آنکھ کھولی تو دیکھا بالوں میں | بیٹھا چاندی بکھار رہا تھا وقت

انہیں شکر کرنا چاہئے کہ بالوں میں چاندی بکھی ہے۔ بال نہ ہوتے تو غریب وقت کہاں کہاں سر مارتا رہتا۔ مضطر مجاز شاعر تو دبدبے کے ہیں ہی لیکن مترجم بھی غضب کے ہیں اور اقبال کے کلام کے تو وہ اتنے والہ وشیدا ہیں کہ وہ ان کے رگ وریشے ہی میں نہیں دوڑتا ترجمہ بن کر آنکھوں سے ٹپکنے لگتا ہے۔ جاوید نامہ کا ترجمہ تو وہ کر ہی چکے بالکل اس طرح جیسے اکبر نے چتوڑ کا قلعہ فتح کیا تھا۔ اب ایک نظم "شبنم" کا ترجمہ ان کے حرز جاں بنا ہوا ہے اور میں سمجھتا ہوں حق نمک ادا کرنا نسبتاً آسان ہے ترجمے کا حق ادا کرنا مشکل ہے۔ شبنم نظم کا ترجمہ فیض احمد فیض نے بھی کیا ہے۔ فیض کی بلند و بالا شخصیت کے رعب سے بچنا دشوار ہے اور یوں بھی مقابلے اور موازنے کا سوال ہی کہاں پیدا ہوتا ہے۔ لیکن مضطر مجاز نے انصاف کی بات یہ ہے کہ ترجمے کے دوران کہیں بھی کمند کو ٹوٹنے نہیں دیا اور بام پر پہنچ کر ہی دم لیا۔ اس خاکسار نے جب داد دینی چاہی تو انہیں نیچے واپس بلا کر داد دینی پڑی۔ اقبال کی یہ نظم آپ کے بھی حافظے میں محفوظ ہوگی۔ اس نظم کی بحر اتنی مختصر ہے کہ فارسی الفاظ کی جگہ اردو الفاظ کی منبت کاری دشوار ہے۔ مضطر مجاز بھی الفاظ کی تکرار سے اپنا دامن نہیں بچا سکتے ہیں لیکن جہاں

جہاں بھی یہ بچ کر نکلتے ہیں ان کی ذکاوت ابھر کر سامنے آئی ہے اور تو اور انہوں نے اقبال کی ایک غزل کا ترجمہ دکھنی ردیف برت کر کیا ہے اسکا ایک شعر دیکھئے

میرے آگے اک دل گرم اور آہ سرد لا　　　تجھ میں ہے جنبش، درون نغمہ داؤ نہیں

ایسا نہیں ہے کہ مضطر مجاز کو اہل ذوق نے وہ داد نہیں دی ہے جس کے وہ مستحق ہیں لیکن یہ داد ابھی کلی کے تبسم کلیے طرح ہے کھلے ہوئے گلاب کی طرح نہیں ہے وہ گلاب کا ذکر مضطر مجاز نے اپنے ایک مطلع میں کس طرح کیا ہے دیکھئے۔

اپنا حصہ ببول گلاب ہیں یا ہیں پتھر پھول میاں　　　چھوڑ و بھی اب اس قصے کو کیا دینا ہے طول میاں

یہ وہی بات ہے جس کا ذکر انہوں نے اسی ردیف ''میاں'' کے ساتھ ایک دوسرے بحر میں کیا ہے۔

ہر تمنا کے ساتھ اک حسرت　　　کس سلیقے سے منسلک ہے میاں

مضطر مجاز اس فکر میں بھی غلطاں ہیں کہ وہ کس کے پیر ہیں پوچھتے ہیں۔

میر و نظیر کہ درد وو داغ کہ فیض و فراق کہ میراجی

کچھ تو کھلے مضطر کہ تمہارا کون سا ہے اسکول میاں

مضطر مجاز میں سمجھتا ہوں انہیں اچھی طرح علم ہے کہ میدان ادب میں کسی اور عصائے پیری لیکر چلنا مشکل ہے (یہاں پیر سے مراد پیر و مرشد ہیں) پیروی ضرور ہے لیکن دوسرے قسم کی اور گو کہ وہ خود کہتے ہیں۔

تجھ کو یہ رنج ہے کہ پریشاں ہے حرف حرف

مجھ کو خوشی یہ ہے کہ میں اپنی صدا تو ہوں

میں انہیں مطلع کرنا چاہتا ہوں کہ وہ اپنا اسکول خود ہیں اور اسی میں انہیں خوش رہنا چاہئے۔ کامیاب شاعر، کامیاب مترجم اس سے زیادہ اور کیا چاہئے۔

مغنی تبسم

پروفیسر مغنی تبسم میرے دوست ہوتے ہوتے رہ گئے (وہ اچھی صحبت کے شوقین ہیں)ان سے جب بھی اور جہاں بھی ملاقات ہوئی پر جوش.....اور پرخلوص ہوئی۔ ہر ملاقات میں تھوڑی بہت علمیت کا بھی دخل رہا اور گوکہ یہ چیز مجھے راس نہیں آتی ہے۔میں ۰ روتنا اسے برداشت کرتا رہا۔حیدرآبدی تہذیب کا یہی تقاضا تھا۔مرحوم جامعہ عثمانیہ کا بھی نام درمیان میں تھا جہاں طالب علم رہا۔یہ وہیں صدر شعبہ اردو ہے.....اسلئے کبھی یہ جسارت نہیں ہوئی کہ میں مغنی تبسم کے غلط نظریات کی تردید کرتا۔غلط نظریات کو صحیح اندازِ بیان کیساتھ پیش کیا جائے تو توجہ صرف اندازِ بیان پر رہتی ہے۔چاروں طرف سے نظریات وارد ہوتے رہیں تو ادب میں جمود آنہیں سکتا۔ہمارے یہاں ادب ہمیشہ سیال حالت میں رہا اور ادب کے قریب آنے والوں کو رقیق القلب بناتا رہا۔کچھ لوگوں کو اس سیال ادب کی وجہ سے آبدیدہ ہوتے بھی پایا گیا۔یہ وہ لوگ تھے جو اپنی غفلت کی وجہ سے شب کے سناٹے میں ادب کی زد

میں آ گئے ۔ بہتوں کا لہو بھی بہا مگر شہیدان ادب کا خوں بہا کیا!!

میں ایک عرصے تک مغنی تبسم کو 'مغنی' سمجھتا رہا اور اس شبہ میں مبتلا رہا کہ انکا گھرانہ ہوسکتا ہے بڑے غلام علی خاں کے گھرانے سے ملحق ہو اور ان کا نام بھی الحاقی ہو بعد میں پتہ چلا کہ انکے نام کا تلفظ ہی الگ ہے اور اس پر تشدید نہیں لگانی چاہیے (شدت تو خود شخصیت میں موجود ہے) مغنی کے معنی لغت میں دیکھے تو مزید خفت ہوئی' غنیمت کہ تبسم کے لفظ نے بچالیا۔

ادب میں چند لاحقے...... نام، تخلص بہت مقبول رہے ہیں۔ان میں سے ایک تبسم بھی ہے۔اس لفظ میں خوبی یہ ہے کہ اس کے استعمال سے طبقاتی فرق مٹ جاتا ہے وہ اس طرح کہ اسے طبقہ اناث بھی بصد شوق استعمال کرتا ہے اور طبقہ خواص میں بھی یہ مقبول ہے۔فرق یہ ہے کہ طبقہ کا اناث میں اس کا استعمال بقول عم محترم جناب غالبؔ ''تبسم ہائے پنہاں'' کے لیے کیا جاتا ہے۔اصل میں غالب ہمیشہ بدگمان رہے اور اپنی خفگی کے اظہار کے لیے انھوں نے ''تبسم ہائے'' کو خندہ ہائے بیجا کہنے میں بھی تامل نہیں کیا لیکن جہاں تک ہمارے ممدوح مغنی تبسم کے معاملات کا تعلق ہے وہ اپنے متبنی نام کی نسبت سے ہر بدگمانی سے بے نیاز ہیں اور شاید یہی وجہ ہے کہ ان کا تبسم خود ان کے لبوں پر نہیں دوسروں کے لبوں پر کھیلتا رہتا ہے۔ میں تو جب بھی ان کے بارے میں سوچتا ہوں غائبانہ تبسم ضرور ادا کر لیتا ہوں۔ مغنی تبسم میرے حساب سے ''دکان جواہر'' ہیں ان کے جواہر ذرا دیر سے کھلتے ہیں۔لیکن کھلتے ضرور ہیں۔وہ محفلوں کے بے کلاہ بادشاہ ہیں اور اس میں وقت کا تعین نہیں ہے۔ان سے ملاقات کا صحیح وقت نصف النہار کے بعد ہے لیکن ان کا مزاج زوال آفتاب کے تابع نہیں ہے بلکہ جیسے جیسے وقت گزرتا جاتا ہے مغنی تبسم کی روشنی طبع میں اضافہ ہوتا ہے۔حیدرآباد میں جہاں بجلی کی روشنی ہمیشہ محبوب کی کمر کی طرح رہتی ہے، مغنی تبسم کی روشنی طبع نے بڑا کام کیا۔وہ ادبی محفلوں کی جان و ایمان رہے ہیں۔ادبی نشستوں اور جلسوں میں عام طور پر یہ ہوتا ہے کہ جب صدر کی تقریر کا موقعہ آتا ہے محفل میں سامعین کی تعداد پر اوس پڑ چکی ہوتی ہے۔لیکن میں نے صرف مغنی تبسم کی صدارتی تقریر سننے کی غرض سے لوگوں کو غروب آفتاب کے بعد بھی جوق در جوق آتے دیکھا ہے۔اندرونی وجوہات جو بھی ہوں بظاہر یہ ان کی دل فریب بلکہ دل نواز شخصیت کا تبسم آفریں پہلو ہے۔نظریات کی

حد تک تو مجھ معلوم نہیں کہ وہ مفاہمت کے قائل ہیں یا نہیں لیکن تحقیق کی شق میں وہ صلح جو اور امن پسند واقع ہوئے ہیں اور اس کا ایک ثبوت یہ ہے وَلی دکھنی اور وَلی گجراتی کے قضیے میں توازن پیدا کرنے کی خاطر وہ دونوں علاقوں کے درمیان پڑنے والے شہر سورت سے تعلق رکھتے ہیں انکی ولادت کے بعد یہ بحث ختم ہوگئی اور ولی، وَلی دکھنی بھی رہے اور ولی گجراتی بھی۔

ان کا سورت سے تعلق یوں ہے کہ ان کے آبا و اجداد سورت ہی کے متوطن تھے۔کئی سال پہلے ان کے دادا حیدر آباد منتقل ہوگئے۔اس منتقلی کے بارے میں کئی روایتیں گردش میں ہیں۔جن میں ایک زیادہ طاقت ور روایت یہ ہے کہ سورت میں ان کے دادا سے ان کے کسی ولی صفت دوست نے یہ کہہ دیا تھا کہ اگر آپ چاہتے ہیں کہ آپ کے خاندان میں کوئی پڑھا لکھا شخص بھی پیدا ہو تو اس کی امکانی صورت یہ ہے کہ آپ سورت سے نقل مکانی فرمائیں اور حیدر آباد کو اپنا وطن ثانی بنائیں۔اور آنے والی نسلوں نے دیکھا کہ ان کے دادا کے دوست کا مشورہ حرف بہ حرف صحیح ثابت ہوا۔کہتے ہیں ان کے دادا کے دیکھا دیکھی اور بھی کئی خاندان حیدر آباد میں منتقل ہوئے لیکن ان کے یہاں صرف اولادیں پیدا ہوتی رہیں کوئی مغنی تبسم نہیں پیدا ہوا۔یہ سارے اہل سورت اگر اتفاق سے کسی جگہ جمع ہو جاتے ہیں تو مغنی تبسم دل ہی دل میں خوش ہوتے ہیں اور کہتے ہیں۔

غنیمت ہے کہ ہم سورت یہاں دو چار بیٹھے ہیں

مغنی تبسم کو جب بھی میں نے صدارتی تقریر کرتے سنا ہے جی خوش ہوگیا۔افسانہ ہو یا شاعری تنقیدی مضمون ہو یا اس قسم کی اور کوئی ناقص چیز مغنی تبسم اپنے تبصرے اور تجزیے سے اسے پانی پانی کر دیتے ہیں (مقرر کو بھی) میں نے یہ بھی محسوس کیا ہے جب دلیل کمزور ہو ان کی آواز بلند سے بلندتر ہو جاتی ہے لوگ قائل ہو جاتے ہیں۔متنازع فیہ مسائل پر جب بولتے ہیں تو سامعین کھڑے ہو جاتے ہیں تاکہ ان کی کوئی بات سر کے اوپر سے نہ نکل جائے۔مغنی تبسم بے حد باخبر آدمی ہیں کس نے کب کیا لکھا تھا انھیں سب معلوم ہے اور مشکل یہ ہے کہ یاد بھی ہے۔علم سے شغف ہو تو ایسا ہونا ضروری ہے۔یہ اور بات ہے کہ غیر ضروری باتیں یاد رکھنے کے شوق میں وہ بہت سی ضروری باتیں فراموش کر چکے ہیں۔

پروفیسر کی حیثیت سے سبک دوش ہونے کے بعد بھی مغنی تبسم نے مصروف رہنے

کی راہیں نکالیں ورنہ وظیفہ یاب حضرات کو گھر میں بیٹھ جانے کی اتنی عادت ہو جاتی ہے کہ ان میں سے اکثر لوگ دوسروں کے گھروں میں بھی بیٹھے رہنے میں تکلف نہیں کرتے۔ مغنی تبسم نے ادارۂ ادبیات اردو کی کایا پلٹ کر دیا۔ اداروں کے بھی غدود ہوتے ہیں اور صرف اطبائے ادب ان غدود کو تندرست و توانا رکھنے کا گر جانتے ہیں مغنی تبسم اپنی تشخص اور علاج کا کوئی معاوضہ بھی نہیں لیتے ورنہ آج کل تو سرجن اور فزیشین جب بل پیش کرتے ہیں تو وہی مریض جسے انھوں نے چلنے پھرنے کے قابل بنایا تھا پھر بستر سے لگ جاتا ہے۔

اپنی زندگی میں آپ کئی پی ایچ ڈیوں سے ملے ہوں گے۔ میں بھی ملا ہوں۔ ان میں سے بہتوں کو سہنا پڑا ہے۔ بہتوں سے ربط ضبط رہا ہے۔ بعض کو دیکھ کر عبرت حاصل کی ہے اور بعض سے فیض۔ ان سب میں عجیب اتفاق ہے کہ میں نے مغنی تبسم کو صحیح المنسب پی ایچ ڈی پایا۔ صحیح المنسب پی ایچ ڈی اسے کہتے ہیں جس کی شین قاف درست ہو۔ املا ایسا ہو کہ رشید حسن خاں دم بخود رہ جائیں، انشاء ایسی ہو کہ ہر سطر میں بین السطر پوشیدہ ہو اور شاعری عروض اور اوزان کے لحاظ سے نپی تلی ہو۔ تقریر کیسی ہو وہ تو میں بتا ہی چکا ہوں۔ پی ایچ ڈی حضرات صرف پی ایچ ڈی نہیں ہوتے گائیڈ بھی ہوتے ہیں۔ ایک معلم کی صحیح شناخت اس کا اپنا مقالہ نہیں بلکہ وہ مقالہ ہوتا ہے جو اسکی نگرانی میں لکھا گیا ہو۔ میں نے سنا جو طالب علم بھی مغنی تبسم کی زد میں آجاتا ہے۔ مغنی تبسم اسکی نگرانی ہی نہیں نگہداشت کرنے لگتے ہیں۔ ان کی رہنمائی تعاقب سے ملتی جلتی کوئی چیز ہوتی ہے۔ سنہ شاید ۱۹۷۵ء ہوگا جب مجھے بھی یہ شوق ہوا تھا اور تبسم نے مجھے گمراہ کرنے کا اتنا زبردست پلان بنایا تھا کہ یونیورسٹی سے فارم بھی بھیج دیئے تھے۔ بات شاید فیس کے معاملے پر رک گئی تھی۔ مغنی تبسم تو فیس بھی ادا کرا دینا چاہتے تھے۔ لیکن ان دنوں میری حمیت زندہ تھی اور میں نہیں چاہتا تھا کہ رودِ موسیٰ میں دوبارہ طغیانی آئے۔ یہ بات بھی مجھے مغنی تبسم ہی نے سمجھائی کہ یونی ورسٹی گرانٹ کمیشن ایسے کسی شخص کو اسکالر شپ نہیں دیتی جو عمر کی ۴۵ منزلیں طے کر چکا ہو ایسے ناکارہ شخص کو یو جی سی کی کفالت کرنی پڑتی ہے دیکھا آپ نے کیسے کیسے قاعدے ہمارے یہاں رائج ہیں۔ ہمارے یہاں اسکالر اتنی قلیل تعداد میں کیوں ہیں اب معلوم ہوا۔ لیکن پروفیسر مغنی تبسم کو میرے پی ایچ ڈی نہ ہونےکا اور انکی نگرانی میں مقالہ نہ لکھنے پر بددل نہیں ہونا چاہیے۔ میں انھیں بھی اپنا نگراں کار

مانتا ہوں اسکے لئے مقالہ لکھنا کیا ضروری ہے (اپنی عافیت مجھے کبھی عزیز نہیں رہی۔)

'سب رس' ماہنامہ ایک ایسا رسالہ ہے جو اہل نظر کو بتاتا ہے کہ اردو نا قابل تقسیم ہے یہ رسالہ حیدر آباد سے بھی شائع ہوتا ہے اور کراچی سے بھی۔ ہندوستان کے کئی ادبی رسالے یہاں سے وہاں لے جائیگئے۔ وہاں چھپتے بھی رہے اور ایک آدھ رسالہ اب بھی چھپ رہا ہے۔ مثلاً افکار، ان میں سے کچھ دونوں جگہ بند ہوگئے۔ لیکن 'سب رس' نے پیٹھ نہیں دکھائی۔ اس لحاظ سے اگر خواجہ حمید الدین شاہد داد کے مستحق ہیں کہ تو مغنی تبسم بھی اس کے حق دار ہیں۔ بہت کم ایسا ہوا ہوگا کہ کسی 'مرشد' کے دو سجادہ نشین ہوئے ہوں۔ ڈاکٹر محی الدین قادری زور اس کی تنہا مثال ہیں۔ مجھے یہاں کے اور وہاں کے ہر دو ایوان اردو میں سانس لینے کا موقعہ ملا ہے اور دونوں جگہ ایسا محسوس ہوا۔

ہے ہوا میں زبان کی تاثیر

روزنامہ 'سیاست' میں جب بھی مغنی تبسم کی تصویر دیکھتا ہوں۔ میری آنکھوں کے سامنے ان کا وہ چہرہ آجاتا ہے جو وہ کار چلانے کے دوران استعمال کرتے تھے۔ اس چہرے پر ہوائیاں اڑتی دکھائی دیتی تھیں۔ راہگیر ڈر کے مارے سڑک کے کنارے کھڑے ہوجاتے تھے زیادہ محتاط لوگ ڈھلان پر اتر جاتے تھے۔ کار میں ان کے ہم نشینوں کی جان ان کی ہتھیلیوں پر رہتی تھی۔ زندگی کی لکیر اتنی مدھم کہ تقریباً معدوم۔ جو بھی ان کی کار سے نیچے اترتا فوراً دو رکعت شکرانے کی ادا کرتا اور ان سے عرض کرتا کہ ہم دونوں کے تعلقات، پیدل تعلقات ہی کی حد تک رہیں تو اس میں دونوں کی عافیت ہے۔

پروفیسر مغنی تبسم نے ایک کام ڈھنگ کا یہ کیا کہ اپنی کار بیچ دی۔ ڈاکٹر اقبال کے دوست ذوالفقار علی خاں کی کار 'خوش' تھی مغنی تبسم کی کار میں کہیں کوئی سائیلنسر لگا ہوا نہیں تھا۔ چلتی تھی تو معلوم ہوتا تھا آہ و بکا میں مصروف ہے۔ اس میں ہارن کی ضرورت نہیں تھی لیکن مغنی تبسم اسے بھی بجادیتے تھے۔ کہتے تھے۔ جب ہارن ہے تو اسے بجانا ہی چاہیے ورنہ لوگ سمجھیں گے میری گاڑی میں صرف ہارن ہی ہے جو نہیں بجتا ہے اور کمال یہ ہے کہ اس کی فروخت کا نتیجہ یہ ہوا کہ شہر میں ان کی آبرو بڑھ گئی اور ضمناً شہر کی آبادی بھی۔

بارے آرام سے ہیں اہل دکن اس کے بعد

مظہر امام

مظہر امام کوغزل گوئی میں وہی رتبہ حاصل ہے جو ہماری جنگ آزادی میں سبھاش چندر بوس کو حاصل تھا۔مظہر امام معتبر بلکہ معزز غزل گوشاعر ہیں لیکن عجیب اتفاق ہے کہ ان کی شناخت اور شہرت کی اصل وجہ آزاد غزل ہے۔ہندوستان کا آزاد ہونا۔ان کے لیے کافی نہیں تھااس لئے انہوں نے اطمینان کی سانس اس وقت لی یعنی اس وقت تک نہیں لی جب تک ہماری کہنہ غزل آزاد نہیں ہوگئی۔مظہر امام صرف اسمایارسما امام نہیں ہیں وہ عملاً بھی وہی ہیں جو اسما ہیں اور یہ رسم تو برائے نام ہے ورنہ اصل میں تو وہ کام ہے جس کی وجہ سے وہ عمامے اور فرغل کے بغیر بھی امام ہیں۔اس اعزاز اور قابل رشک منصب کے باوجود کسی کا اتباع کرنے میں کوئی حرج نہیں سمجھتے۔بزرگوں کے نقش قدم پر چلنے کی ہمارے یہاں ایک روایت رہی ہے۔اس طرز عمل سے آدمی کا جذبہ اجتہاد متاثر نہیں ہوتا اور آدمی، حسب معمول صف اول میں مقیم رہتا ہے۔مظہر امام نے اکبرالہ آبادی کے تتبع میں ترک وطن کیا اور

سکونت اسی شہر کی اختیار کی جسے شہروں میں انتخاب مانا جاتا ہے۔اگر وہ باضابطہ مقتدی بننا پسند کرتے تو راستے میں الہ آباد میں اتر پڑتے۔لیکن الہ آباد میں اتنا ادبی خلفشار اور ثقافتی انتشار کہاں ہے جتنا کہ دلی میں ہے اور اب تو جب سے ذوق کا مزار بنا ہے وہاں گہما گہمی زیادہ ہوگئی ہے۔کون کہہ سکتا تھا کہ ذوق اور غالب میں جو ٹھنی تھی وہاں دونوں کی رحلت کے بعد بھی ٹھنی رہے گی اور دو سو سال گذر جانے پر بھی برقرار رہے گی۔

اکبر الہ آبادی اور مظہر امام کے بائیوڈاٹا میں بنیادی فرق یہ ہے کہ اکبر الہ آبادی کے معاملے میں صرف اہل تحقیق (جنہیں دوسرے کے اعمال واشغال کی ٹوہ کے سوا کوئی دوسرا کام نہیں ہوتا) جانتے ہیں کہ ان کا تعلق بہار سے تھا اور یہ ایک لحاظ سے ان کا خفیہ ایجنڈا رہا جب کہ میرے ممدوح مظہر امام علانیہ طور پر بہار کے پیدائشی متوطن مشہور رہے۔کشمیر کی غزلیں کہنے کی غرض سے کشمیر ضرور گئے لیکن ان کا وطن بہار ہی رہا اور شاید یہی وجہ تھی کہ جب پروفیسر قمر رئیس نے کئی سال پہلے اپنے رسالے میں مظہر امام کا تعارف کراتے ہوئے انہیں بہار کا شاعر لکھ دیا۔میرا خیال ہے مظہر امام ان دنوں زود رنج آدمی تھے وہ فوراً بپھر گئے اور چوں کہ انہیں روزانہ کے حالات اور واقعات کی خبر رہتی تھی۔انہیں پتہ چل گیا کہ ان کے ساتھ کیا سلوک ہوا ہے۔جونہی قمر رئیس کا تعارف، انکی (گہری) نظر سے گزرا انہوں نے فی الفور ایک سادہ دل بندے کی طرح اپنا ردعمل ان الفاظ میں ظاہر کردیا کہ اگر قمر رئیس انہیں اردو کا شاعر لکھتے اور درجہ بندی میں کسی بھی مقام پر انہیں نصب کرتے تو وہ ہرگز ہرگز شکایت نہ کرتے۔حالانکہ جن دنوں یہ عمل اور ردعمل ہوا مجھے مظہر امام سے قربت حاصل نہ تھی لیکن مجھے بہرحال برا معلوم ہوا کہ صرف بہار میں پیدا ہوجانیکی وجہ سے کسی کل اردو سطح کے شاعر کو بہار کا شاعر کہہ دینا یقیناً شاعر کی دل شکنی کا باعث ہوسکتا ہے اور میں نے اپنے دل میں اس کا جواز یہ سوچا تھا کہ کیا ہم نے کبھی کلیم الدین احمد کو عظیم آباد کا یا پٹنہ کا نقاد کہا ہے۔قمر رئیس نے جہاں تک میرا خیال ہے مظہر امام کے ردعمل کو بہت دنوں تک برداشت کیا لیکن جب یہ صدمہ ان سے زیادہ برداشت نہ ہوسکا تو انہوں نے سوچا شاید ترک وطن سے انہیں دل کا سکون حاصل ہو اور وہ تاشقند چلے گئے۔دلی والے جب ترک وطن کرتے ہیں تو عام طور پر تاشقند ہی جاتے ہیں۔دنیا میں اتنے خوبصورت نام کا دوسرا شہر

ہے کہاں۔ میں سمجھتا ہوں کہ مظہر امام نے بھی قمر رئیس کے دلی سے تخلیے کے بعد دلی کی مستقل سکونت اختیار کی (یوں سکون مجھے دونوں کا عزیز ہے)

مظہر امام کی مصروفیت پر واقعی رشک آتا ہے۔ لکھنا پڑھنا ان کا اوڑھنا بچھونا ہے لیکن چونکہ یہ محاورہ سرے ہی سے غلط ہے بلکہ بے معنی ہے اس لیے وہ اس پر سوتے میں شب و روز جاگتے رہتے ہیں۔ لکھنے سے زیادہ پڑھتے ہیں اور پڑھنے سے زیادہ لکھتے ہیں۔ ان کا حافظہ بہت مضبوط ہے۔ انہیں ہر بات یاد رہتی ہے کس نے کب کیا لکھا تھا۔ یہ تینوں امور انہیں اسی طرح یاد رہتے ہیں گویا یہ تینوں امور انہوں نے انجام دیئے تھے۔ ان کے حافظے کی زد سے شاید ہی کوئی بچا ہو۔ لیکن یہ صرف منتظم ہیں، منتقم نہیں۔ مجھے تو ایسا معلوم ہوتا ہے کہ ان کا بخت سکندرانہ ہے لیکن مزاج فقیرانہ۔ بس یہ ہے کہ یہ صدا نہیں دیتے۔ تھوڑی دیر متوحش رہتے ہیں لیکن اس سے پہلے کہ دل کی دھڑکن تیز اور نبض کی رفتار سست ہو جائے۔ یہ معتدل ہو جاتے ہیں اور یہی امام کا منصب ہونا چاہیے۔

ادب میں نہایت مودبانہ انداز میں یہ ہمیشہ کچھ نہ کچھ کرتے رہے ہیں۔ آج سے کوئی بیس پچیس سال پہلے اچانک ان کے دل میں خیال آیا بلکہ شاید وسوسہ پیدا ہوا کہ ادب میں جمود نمودار ہو رہا ہے۔ شاید اس کی چاپ انہوں نے سن لی تھی۔ انہیں یکلخت یہ احساس ہوا کہ اگر اس نازک لمحے میں وہ چپ بیٹھے رہے اور آنے والے جمود کی مزاحمت میں انہوں نے کوئی قدم نہیں اٹھایا تو ادب گیا ہاتھ سے۔ انہوں نے بعجلت ممکنہ مٹی کو نرم کیا (یہ مٹی اس زمین کی تھی جس میں شاعر غزل کہا کرتے ہیں) پتہ نہیں مٹی کو نرم کرنے کے لیے جو خام مال انہوں استعمال کیا وہ آنسو تھے یا عرق انفعال۔ اور انہوں نے آزاد غزل کا بیج بو دیا (یہ بیج اس سے کوئی بیس پچیس سال پہلے بھی بو چکے تھے مگر اس وقت ان کے آنسو یا تو خشک تھے یا ان کے عرق انفعال میں مٹی کو نم کرنے کی صلاحیت پیدا نہیں ہوئی تھی اس لیے آزاد غزل کی کونپل پوری طرح نہیں پھوٹی۔ اتفاق سے اس مرتبہ ساعت سعید تھی اور نیت نیک۔ انہوں نے مزید آبیاری کی جو آبر سانی سے ملتی جلتی ہوگی اور چند ہی دنوں میں فصل لہلہانے لگی۔ جھوم کے آئی گھٹا ٹوٹ کے برسا پانی کی کیفیت پیدا ہوگئی اور اس دوسری مرتبہ کی کوشش سے پیدا ہونے والی نوزائیدہ آزاد غزل کی وہ دھوم مچی کہ اس میں موسیقیت اور گائیکی کے اوصاف و

اطوار کے بارے میں تفہیمی اور تلقینی مضامین شائع ہو گئے۔ اب یہ بات آئی گئی کی طرح گزر گئی۔ لیکن مظہر امام کی بروقت مداخلت اور مدافعت سے ادب میں وارد ہونے والا جمود ناکام لوٹ گیا۔ کہتے ہیں ان دنوں ہر شخص نے نئے نمونے کی غزل کہی لیکن خود اس غزل کو شاید شاعروں کی صحبت پسند نہیں آئی۔ نام بھی چونکہ اس کا آزاد تھا اس لیے اس نے کسی کی سنی نہیں۔ خود مظہر امام نے اپنی اس نورچشمی پر اپنا دست شفقت زیادہ دیر نہیں رکھا۔ (ہاتھ دہیں دھرا رہتا تو پھر یہ لکھتے کیسے؟)

مظہر امام کے متعلق مشہور ہے کہ یہ سن شعور کو پہلے پہنچے اور سن بلوغ کو بعد میں اس تقدیم و تاخیر کی ذمہ داری ان پر نہیں ہے۔ قدرت کے کارخانے میں کس وقت کیا ہو جائے گا کوئی نہیں کہہ سکتا۔ ویسے یہ فائدے میں رہے (قاعدے میں تو تھے ہی) ادب میں، بلوغ کے مقابلے میں شعور کی زیادہ ضرورت پڑتی ہے اور یہی چیز دیر پا بھی ہوتی ہے۔ مظہر امام نے اسے نہ صرف اچھی طرح برتا بلکہ اس کے رنگ و روغن میں بھی مزید جمالیات پیدا کیں اور غزل کے تن بدن کی لسانیات یعنی اس کی باڈی لینگویج کو اتنا مرغن و مزین بنایا کہ اردو غزل لوگوں کی آنکھوں کا تارا بن گئی۔ خود آزاد غزل نے بھی ان کی اتالیقی میں اچھے دن دیکھے۔ انہوں نے نئی نویلی غزل کے حق میں وہی کارنامہ انجام دیا جو تاریخ ہند میں بیرم خاں نے مہابلی جلال الدین اکبر کے لیے انجام دیا تھا۔ کہتے ہیں نصیر الدین ہمایوں مرحوم کی روح ہمیشہ بیرم خاں کے ساتھ رہی۔ بعض لوگ جن میں میں (بظاہر) شامل نہیں ہوں آزاد غزل کی ولادت باسعادت کو ولادت باقیامت کہا کرتے تھے اور خوش ہوتے تھے۔ یہ بھی کوئی بات ہوئی۔ لیکن اب ان باتوں کو دہرانے سے فائدہ کیا ہے۔ لوگوں نے تو آزاد غزل کے لیے پولیو انجکشن بھی تجویز کیے تھے۔ لوگوں کا بھی کوئی ٹھکانہ ہے کہ ادیبوں شاعروں میں جب بھی شکر رنجی کے پیدا ہونے کی واردات ہوئی ہے لوگ اس کے لیے بھی انسولین انجکشن تجویز کر دیتے ہیں۔ حالانکہ سب جانتے ہیں کہ انسولین انجکشن، شکر کی بیماری کا علاج ہیں۔ شکر رنجی کا علاج تو ہمارے ہندوستان میں حکیم اجمل خاں کے پاس بھی نہیں تھا۔ شکر رنجی سے میرے ممدوح مظہر امام کو بھی خالی دلچسپی رہی ہے لیکن صرف لمحاتی اور وقتی۔ متمدن آدمی ہیں اس لیے اپنی خشمگینی کو رباعی بلکہ ثلاثیے (میں ثلاثی کو ہمیشہ ثلاثیا کہتا ہوں) کی حد

تک محدود رکھتے ہیں۔ وہ مصرعوں کی فضول خرچی کو زبان کا زیاں جانتے ہیں۔ ان کی لحاتی دلچسپی بھی مثنوی سحر البیان سے کم نہیں ہوتی اور ایسا نہیں ہے کہ ساہتیہ اکادمی ایوارڈ یا غالب ایوارڈ نے ان کے طرز بیان اور انداز تخاطب میں محاسن شعری پیدا کیے ہوں۔ یہ تو ان کا خالص ذاتی (اور صفاتی) سرمایہ ہے۔ دولت مند آدمی ہیں۔ مظہر امام لباس و پوشش کے سلسلے میں صرف متمدن نہیں، متدین شخص ہیں۔ بڑی دیانت داری کے ساتھ خود کو ملبوس و ملفوف کرتے ہیں اور گھر سے باہر آنے سے پہلے دیکھ لیتے ہیں کہ (پیشانی کے علاوہ) کپڑوں پر تو کوئی شکن نہیں آئی۔ ممکن ہے کسی سے مشورہ سخن بھی کرتے ہوں۔ یہ نفاست بھی کسی استری کی دین معلوم ہوتی ہے۔ مجھے معلوم ہے کہ وہ میک اپ نہیں کرتے لیکن ان کی تصویریں تاثر یہی دیتی ہیں کہ ہمیں سجایا سنوارا گیا ہے۔ بعض موقعوں پر اہتمام بھی کتنا خوش گوار ہوتا ہے اور معلوم ہوتا ہے کہ یہ اہتمام کہاں ہے۔ ان کی علمی ادبی حیثیت بھی گل بوٹے نہیں چاہتی۔ ان کے بارے میں پی ایچ ڈی کے مقالے تو صرف برائے اعتراف ہیں اور ان کا منافع ان ہی کے کھاتے میں لکھا گیا ہے جن کے قلم سے یہ مقالے برآمد ہوئے ہیں۔ ان کی قامت کی درازی کا باعث، کوئی مصنوعی طرہ نہیں بلکہ ان کا ادبی وطیرہ ہے۔ ممبئی میں ایک مرتبہ ان سے ایک مشاعرے میں ملاقات ہوئی۔ آکاش وانی کا مشاعرہ تھا اور چوں کہ مشاعرے میں مشاعروں کے علاوہ کچھ سخن فہموں کی بھی ضرورت پڑتی ہے اس لیے میں سامعین کی صف میں موجود تھا اور شہ نشین سے قدرے فاصلے پر۔ لیکن مظہر امام کی متجسس آنکھوں سے بچنا محال تھا (ان کی تنقیدی بصیرت ہمیشہ ان کی بینائی کو تیز کرتی رہی) وہ شہ نشین سے اتر کر مجھ سے ملنے آئے (ان دنوں اسٹیج سے کون نیچے اترتا ہے لیکن انہیں ان کے تمدن نے اس عمل پر مجبور کیا) بانہیں کھولیں (باچھیں بھی کھولی ہونگی) اور بغل گیر ہو گئے۔ متبسم تو تھے ہی لیکن آنکھیں بھی ہنس رہی تھیں۔ یہ سب کچھ میری زبان بندی کے لیے تھا۔ لیکن میں نے بہر حال فرمائش کردی کہ آج وہ ایک آزاد غزل سنادیں۔ ہنسے اور اپنے محور پر واپس ہو گئے۔ جہاں تک مجھے یاد ہے انہوں نے ایک چوتھائی مشاعرہ تو لوٹ ہی لیا تھا۔ وہ غزل بڑے اہتمام سے کہتے ہیں۔ سناتے بھی اس طرح ہیں جیسے شعر پڑھ رہے ہوں۔ شعر سنانے سے پہلے اپنے شعر کی وضاحت میں کوئی تعارفی تقریر نہیں کرتے۔ میں نے سنا ہے اس طرح

ان کا ضمیر مطمئن رہتا ہے۔ ممکن ہے ان کے اس رویے کی وجہ سے مشاعرے کے بعد سامعین نے ان سے آٹوگراف لینے کے لیے مطلب یہ کہ آٹوگراف دینے کے لیے فرمائش تو کی ہو لیکن اس سے کیا ہوتا ہے ان کا ضمیر بہر حال مطمئن رہا۔

مظہر امام باہر سے جتنے غمگین اور سنجیدہ دکھائی دیتے ہیں اندر سے اتنے ہی مسطح اور ہموار ہیں۔ مسطح سے میری مراد (حالانکہ مراد کس کی برآئی ہے) یہ ہے کہ ان میں اونچ نیچ کم ہے۔ حس مزاح وافر مقدار میں موجود ہے اور وہ اس کے برمحل استعمال میں خاصے فراخ دل ہیں۔ انہیں ورغلایا جائے تو وہ غیبت میں بھی دامے درمے اور سخنے حصہ لیتے ہیں۔ ان سے ایک مرتبہ ایک خاتون کا ذکر آیا تو میں نے عرض کیا کہ میں تو انہیں بنی نوع انسان سے بے حد ہمدردی رکھنے والی شخصیت مانتا ہوں مظہر امام چونکے (وہ بعض وقت چونکتے بھی ہیں خاص طور پر جب کسی مشاعرے سے واپس آکر سوتے ہیں تو صبح چونک کر ہی اٹھتے ہیں کہ ارے نو بج گئے) چونکنے کے بعد انہوں نے مجھ سے پوچھا وہ بنی نوع انسان کی ہمدرد کیسے ہوگئیں۔ میں نے سند پیش کی کہ موصوفہ نے شادی نہیں کی اور اسطرح ایک انسانی جان ضائع ہونے سے بچ گئی۔ یہ بنی نوع انسان کی ہمدردی نہیں تو اور کیا ہے۔ مظہر امام قہقہہ لگا کر ہنسنے کے عادی نہیں ہیں۔ کسی نے منع کر دیا ہوگا لیکن کافی دیر تک متحرک رہے۔ میں سمجھ گیا اندر ہی اندر ہنس رہے ہیں۔ میرا خیال ہے وہ بظاہر سے زیادہ بباطن کے آدمی ہیں۔ انگریزی میں شاید ایسے شخص کو انٹروورٹ کہا جاتا ہے۔ اشعار میں البتہ خوب کھلتے ہیں۔ انکے تعلق سے حال ہی میں ایک کتاب منظر عام پر آئی ہے جو میری نظر سے نہیں گزری لیکن مجھے معتبر ذرائع سے معلوم ہوا ہےکہ صاحب تصنیف۔ خود بھی کسی گوشے سے امام ہیں (شاید امام اعظم ہیں) ان کی شاعری کے بارے میں کوئی نتیجہ بھی اخذ کیا ہے۔ خوشی کی بات ہے ورنہ عام طور پر یونیورسٹی کے مقالوں میں نتیجہ اخذ نہیں کیا جاتا حذف کیا جاتا ہے۔ میں انکی حس مزاح کے بارے میں رائے دے رہا تھا۔ یہ کسی نہ کسی شعر میں یعنی ان کے اپنے شعر میں جاگ پڑتی ہے۔ اس وقت ایک شعر یاد آگیا۔ سن لیجیے۔

خیریت پوچھتے ہیں لوگ بڑے طنز کے ساتھ جرم بس یہ ہے کہ ایک شوخ کا ہمسایہ ہوں

میں کیوں پوچھوں کہ کیا انہوں نے کبھی حق شفعہ کی طرف توجہ کی یا یونہی انہیں شفا

ہوگئی۔ بہر حال ان کے اس شعر نے داغ کا ایک شعر یاد دلایا۔

شوخی سے ٹھہرتی نہیں قاتل کی نظر آج　　　یہ برق نظر دیکھیے گرتی ہے کدھر آج

لیکن داغ مکمل کتاب تھے۔ ان سے کچھ پوچھنے کی کبھی ضرورت نہیں پڑی۔

شاہد علی خاں (ایک اشتہار)

نام: شاہد علی خاں عرف ندارد۔ قبیلہ: فرخ آبادی پٹھان (جو شاید آفریدی ہوتے ہیں اور چونکہ ان کے آباواجداد باہر سے یہاں آئے تھے اس لیے یہ لوگ حسبا اور نسبا غیر ملکی ہیں۔ ان کے راشن کارڈ ضبط اور پاسپورٹ منسوخ کیے جانے چاہیں۔ اس مشق میں تھوڑی سی تاخیر ہو جائے تو حرج نہیں لیکن رائے دہندگان کی فہرست سے ان کا نام فوراً سے پیشتر خارج کیا جانا چاہیے۔

عمر: ۵۰ اور ۶۵ کے درمیان۔ حلیہ پہلے ٹھیک تھا اب اسکی پروف ریڈنگ ہونی چاہیے۔

قد: اوسط کے تقریباً قریب، رنگ بدلتا رہتا ہے، بدلنا ہی چاہیے، دلی میں رہتے ہیں۔

پیشہ: اردو کتابوں کی امید و بیم والی تجارت۔

مزاج: پہلے ٹھیک تھا۔ اب صوفیانہ ہے۔ کچھ دنوں تک متصوفانہ بھی رہا۔

عادتیں: کسی کے بھی خط کا جواب نہیں دینا اس ڈر سے کہ جواب دیں گے تو ایک

خط اور آ جائے گا تو مصیبت ہو جائے گی۔ دن میں چالیس سگریٹیں پینا۔ کم پڑ جائیں تو دس اور پی لینا۔ چائے بھی پیتے رہنا۔ کسی سے بات کرنا تو اس طرح کہ جس سے بھی بات کریں وہ سمجھے کہ کسی اور سے مخاطب ہیں۔ جب تک بمبئی میں تھے ہر بات پر ہنستے تھے جب سے شہر کا نام بدلا ہے یہ بھی بدل گئے ہیں حالانکہ اسی شہر میں رہتے نہیں ہیں۔ جس دن شہر کا نام بدلا تھا اس دن سنا یہ ہے کہ ان کے سینے پر سانپ لوٹ گیا تھا۔ (اسے انہوں نے بڑی مشکل سے لوٹایا لیکن اسے کبھی کبھی یاد ضرور کر لیتے ہیں) بمبئی میں اپنے قیام کے دوران رگڑا ضرور کھاتے تھے اور ماہ رمضان میں تو روزے اسی لیے رکھتے تھے کہ افطار میں رگڑا کھائیں گے۔ افطار کی کم سے کم ایک دعوت ضرور کرتے تھے اور غیر روزہ داروں کی خاطر میں بچھ بچھ جاتے تھے (لوگوں کے منع کرنے پر فوراً اٹھ جاتے تھے۔)

کچھ معلومات اور: مکتبہ جامعہ شاخ ممبئی کی فیجری کے دوران مکتبے پر شام کے اوقات میں خاص طور پر لوگوں کا جمگھٹا ہوا کرتا تھا۔ اور فٹ پاتھ پر چلنے والے حیرت سے دیکھتے تھے کہ اردو کی کتابوں کی دکان پر اتنی بھیڑ۔ (انہیں اندر کا حال معلوم نہیں تھا)۔ قریب کی ہوٹل کا باہر والا، ہوٹل کے لیے باہر والا ہوگا لیکن وہ اس شاخ کا اندر والا تھا۔ صرف چائے کی دوسری اور دوسری کے بعد تیسری قسط لانے ہوٹل جاتا تھا۔ اکثر لوگ تو اسے مکتبے کا ملازم سمجھتے تھے۔ چائے کے ساتھ پانی ضرور لاتا تھا لیکن احتیاط یہ کرتا تھا کہ چائے میں انگلیاں نہیں ڈبوتا تھا۔ افسوس کرتا ہوگا کہ کاش چائے بھی پانی ہی کی طرح ٹھنڈی ہوتی۔ ان کے زمانے میں یعنی شاہد علی خان کے عہد مہتممی میں (یہ مہتمم کے لفظ سے ماخوذ ہے) مکتبے میں ہر عمر کے لوگ جمع ہوتے تھے اور کسی پر یہ پابندی نہیں تھی کہ اسے کتابوں سے دلچسپی ہو۔ مولانا شہاب تو جو مکتبے سے متصل پورٹ ٹرسٹ کے مکانوں میں سے کسی ایک مکان میں رہائش پذیر تھے گھر جانے سے پہلے اس شاخ پر کچھ دیر کے لیے ٹھہر جانا لازمی سمجھتے تھے۔ تصدیق بھائی جن کا ایک شکستہ اور نیم پسماندہ پریس تھا۔ پہلے ہی سے بیٹھے رہتے تھے۔ باقر مہدی آتے تو پہلے فٹ پاتھ پر بیٹھے ہوئے جوتے پالش کرنے والے سے اپنے جوتوں پر پالش کرواتے تھے اور پھر عنان گفتگو اپنے ہاتھوں میں اس طرح لیتے کہ قطع کلام کا کسی کو حوصلہ نہ ہوتا۔ کبھی کبھی جان نثار اختر بھی پہنچ جاتے لیکن واپسی ان کی بڑی کٹھن

ہوتی۔ مکتبے کی سمت سے دوسری سمت کے فٹ پاتھ پر آنے میں ان کا ایک گھنٹہ صرف ہوجاتا۔ سکندر علی وجد بھی مکتبہ کے قتیل تھے۔ گھر جاتے وقت ایک درجن کیلے خریدنا ان کا معمول تھا۔ شہر بمبئی میں وہ تنہا خریدار تھے جنھیں دوکان دار یہ ایک درجن کیلے لفافے میں بند کرکے دیتا تھا (اس زمانے میں کسی چیز کی بھی پلاسٹک سرجری نہیں ہوتی تھی۔ خریداروں کو اپنا انتظام خود کرنا پڑتا تھا۔ ساحر لدھیانوی بھی پہنچ جاتے تھے لیکن وہ خاص طور پر مکتبے کے طالب علم نہیں تھے۔ اسی زمانے میں ایک پرچہ ''دورحیات'' ممبئی سے شائع ہوتا تھا۔ اس کا دفتر مکتبے کے عقب والی عمارت میں تھا۔ قیصر مظہر اس کے مدیر تھے۔ ساحر لدھیانوی کبھی کبھی اس پرچے میں چھپتے تھے۔ وہاں جاتے تو یہاں بھی آجاتے تھے۔ (یہاں سے مراد مکتبہ ہے) بزرگوں اور متقدمین میں حارث صاحب اور دسنوی صاحب بھی کبھی کبھار مکتبے کی رونق بڑھادیتے تھے۔ متوسطین میں محمود چھابرا، ذکریا شریف اور حیدر پٹھان تھے۔ اور لوگ بھی تھے۔ ندا فاضلی جب ممبئی آئے تو یہی مکتبہ ان کی شام کی جائے رہائش تھی۔ ایک اور صاحب تھے نادر اور نایاب کتابوں کے بیوپاری ان کا روزانہ آنا تقریباً یقینی تھا۔ جس دن وہ نہیں آتے مکتبہ سونا سونا لگتا۔ ان کا نام بھی حیدر تھا۔ کرلا میں مکان تھا اور محمد علی روڈ پر دوکان۔ شاہد علی خان سے ان کی بہت زیادہ بے تکلفی تھی اور ان کا کبھی جی چاہا تو اپنے گھر پر پائے کی دعوت مقرر کرتے تھے۔ (دعوت بڑی ہوتی تھی کیوں کہ پائے بھی بڑے کے ہوتے تھے) ایک اور دوست تھے شاہد علی خان کے شفیق چودھری۔ ان کے پاس ایک پرانی موٹر تھی جو دھکیلنے سے چلتی تھی اور جو کوئی بھی اس کار کے دروازے سے لگ کر بیٹھتا تھا کہیں نہ کہیں باہر گر پڑتا تھا۔ کار میں ہارن کی ضرورت نہیں تھی وہ خود اتنا شور کرتی تھی کہ راہگیر ڈر کے مارے اچھل کر فٹ پاتھ پر چڑھ جاتے تھے۔ ریاض خاں بھی اکثر و بیشتر مکتبے میں آتے تھے۔ بات نہیں کرتے تھے ان کا منہ کبھی خالی نہیں رہا۔ جتنے سگریٹ شاہد علی خان پیتے تھے اتنے ہی پان یہ کھاتے تھے لیکن بے حد شریف آدمی تھے۔ محمود سروش اور ڈاکٹر عالی جعفری صاحب کو موجودگی کی وجہ سے مکتبہ جامعہ کی فضا غیر ضروری طور پر علمی ہوجاتی تھی۔ عالی جعفری تو زیادہ نہیں بولتے تھے لیکن محمود سروش کی گفتگو سننے کے لیے سب لوگ ہمہ تن گوش رہتے تھے۔ بعد کے آنے والوں میں مجی رضا، انور خاں اور عنایت اختر شامل تھے۔ عنایت تو

پہلے مکتبہ جامعہ کے نصف منیجر بھی رہ چکے تھے اور اسی رعایت سے شاہد علی خان کے سامنے سگریٹ نہیں پیتے تھے۔ (اب بھی شاید وہ اپنی روایت پر قائم ہیں) انہوں نے اب اپنی آپ بیتی لکھنی شروع کی ہے جو ایک لحاظ سے شہر ممبئی میں ترقی پسند تحریک کی بھی کہانی ہے۔ عنایت اختر جسمانی طور پر کمزور ہیں لیکن حافظے کے اعتبار سے شہ زور ہیں۔ ممبئی کی خالص بلکہ نخالص بولی پر انہیں عبور حاصل ہے۔ کہاں کہاں سے الفاظ اور تراکیب ڈھونڈ کر لاتے ہیں پتہ نہیں۔ اپنے لڑکپن میں اچھے خاصے فراڈ تھے۔ اسکول جانے کے لیے گھر سے نکلتے لیکن اسکول کبھی نہیں پہنچے۔ ان کی آپ بیتی اسی لیے لوگ بڑے شوق سے پڑھ رہے ہیں۔ یہ ساری باتیں، کہانیاں، حکایتیں، مکتبہ جامعہ کے شاہد علی خان کی وجہ سے منصۂ شہود پر آئیں وہی شاہد علی خان جنکی گمشدگی اب سب کی تشویش کا باعث ہے۔ قصہ یوں ہے کہ

روداد گمشدگی: جب مکتبہ جامعہ دلی کے جنرل منیجر غلام ربانی تاباں اپنی خدمت سے سبکدوش ہوئے تو ان کے جانشین کی تلاش شروع ہوئی۔ اس وقت مکتبہ جامعہ ڈوب رہا تھا اور جانکنی کے عالم میں تھا۔ لمیٹڈ ادارہ ہونے کی وجہ سے منیجر کا انتخاب مجلس نظما کے دائرہ اختیار میں تھا۔ مجلس نظما کے اراکین نے شاہد علی خان کو بچشم خود غور سے دیکھا تھا۔ وہ ان دنوں قابل دید بھی تھے اور ان کی کارگزاری کی بھی معقول حد تک شہرت تھی۔ کرنل بشیر حسین زیدی اور ممبئی کے صاحبان نے انہیں دیکھ کر اور دوسرے نظما نے انہیں دیکھے بغیر جنرل منیجر کی خدمت کے لیے پسند کرلیا۔ یہ کئی سال پرانی واردات ہے۔ دو بلکہ دو سے زیادہ دہائیاں تو گزر چکی ہوں گی۔ کہا جاتا ہے دلی میں انہوں نے مکتبہ جامعہ کی کچھ ایسی سونوگرافی اور بعد میں فزیکل تھراپی کی کہ مکتبہ جامعہ جو تقریباً عالم نزع میں تھا آہستہ آہستہ روبصحت ہوتا گیا۔ (لیکن شاہد علی خان کی صحت کو ڈانواں ڈول کرنے کا کارنامہ بھی مکتبہ ہی نے انجام دیا) لیکن مکتبہ کی صحت عامہ اور شاہد علی خان کی ناصحت ہمارا موضوع نہیں ہے ہمارا موضوع جو تشویش انگیز ہے ان کی گمشدگی ہے۔ شاہد علی خان بہ ثبات عقل و حواس گم ہوئے ہیں صورت حال مختلف ہوتی تو اتنی پریشانی نہ ہوتی۔ ممبئی سے دلی منتقل ہونے کے بعد وہ ہر سال بلکہ کبھی کبھی سال میں دو مرتبہ ممبئی میں چند دنوں کے لیے مقیم ہوجاتے تھے اور اسکے نتیجہ میں جے جے اسپتال کے مقابل اور مخالف فٹ پاتھ پر کے ہوٹل الماس کا باہر والا ازسرنو مکتبہ

جامعہ کا ہمہ وقتی اندرروالا ہو جاتا تھا۔ مکتبے کے مستقل ملاقاتیوں کی فہرست تو یوں بھی بے حد مختصر ہوگئی ہے لیکن جو بھی بچے کچے لوگ رہ گئے ہیں وہ شاہد علی خان کو موجودگی میں اس گلی محلے کی ہیرا پھیری سے چوکے نہیں۔ اب خود شاہد علی خان بھی انڈر گراونڈ ہو گئے ہیں اور ان کی روپوشی، گمشدگی کی حد سے آگے نکل گئی ہے۔

یہ تحریر اصل میں ''تلاش گمشدہ'' کے سلسلے کی تحریر ہے۔ کچھ لوگوں کا خیال تھا کہ اس سلسلے میں ''انڈیا موسٹ وانٹیڈ'' کے ادارے کی خدمات حاصل کی جائیں لیکن شاہد علی خاں کے قریبی دوستوں نے اس رائے کی شدت سے مخالفت کی اور کہا کہ شاہد علی خان سے کوئی جرم سرزد نہیں ہوا ہے اس لیے انڈیا موسٹ وانٹیڈ سے رجوع ہونے کی تجویز نہ صرف غیر ضروری بلکہ نہایت نامناسب ہے۔

ان حالات میں باتفاق آرا یہ طے کیا گیا ہے کہ جو صاحب بھی اس اشتہار کے ممدوح کی تلاش کر کے ممبئی پہنچائیں گے انہیں اخراجات سفر کے علاوہ ان کی خدمت میں ایک قیمتی شال اور ایک لفافہ پیش کیا جائے گا۔ اس کے علاوہ ان کے نام مکتبہ جامعہ کا ادبی رسالہ کتاب نما ایک سال کے لیے اور ان کے بچوں کے نام دو سال کے لیے پیام تعلیم بلا قیمت جاری کر دیا جائے گا۔ شرط یہ ہے کہ جن صاحب کو تلاش کر کے ممبئی پہنچایا جائے وہ اصلی شاہد علی خان ہوں۔

نوٹ: ان کی تصویر یعنی کوئی حالیہ تصویر مہیا نہیں ہے لیکن ان کی ایک پرانی تصویر جو شاید ۱۹۶۰ عیسوی کی ہے زی ٹی وی پر اتوار کے دن ۱۰ بجے ناظرین کے ملاحظے کے لیے پیش کی جائے گی۔ وہ چونکہ ہندوستان سے باہر کبھی گئے ہی نہیں ہیں اس لیے تصویر صرف ہندوستانی ناظرین ہی کے لیے دکھائی جائے گی۔

سید ظفر ہاشمی

ظفر ہاشمی سے میری شناسائی کی عنقریب دوسری صدی شروع ہونے والی ہے۔ اس کا یہ مطلب نہیں ہے کہ ان سے واقف ہوئے مجھے سو سال ہو گئے ہیں بلکہ یہ صرف ایک شاعرانہ بیماری ہے۔ صدی تو خود بدل رہی ہے لیکن ایسا معلوم ہوتا ہے کہ ان سے ملاقات کیلئے مزید ایک صدی کا انتظار اور کرنا ہوگا۔ اس لحاظ سے وہ میرے لئے ایک تیر نیم کش ہیں اور اسی لئے میں جب بھی ان کے بارے میں سوچتا ہوں اپنے آپ کو خلش زدہ پاتا ہوں۔ ملاقات ہو جاتی تو خسارہ میرا ہی ہوتا۔ دل خالی خالی ہو جاتا اب کم سے کم نہ ملنے کی خلش تو ہے۔ ملاقات یوں بھی ایک رسمی چیز ہے اور یہ مزے میں اتنی بے ذائقہ ہوتی ہے کہ لوگ بالعموم غیر رسمی ملاقات کو صحیح المنسب ملاقات مانتے ہیں۔ میں خود ان سے نہیں ملا ہوں اس لئے یوں سمجھئے انہیں اچھی طرح جانتا ہوں۔ بری طرح تو وہ لوگ ایک دوسرے کو جانتے ہیں جو ملے رہتے ہیں یا مل کر فارغ ہو چکے ہوتے ہیں۔ آپ نے بھی بہت سے لوگوں کو کف

افسوس ملتے دیکھا ہوگا۔ یہ سب رسمی ملاقاتوں کے زخم زدہ ہوتے ہیں۔ موجودہ صورت حال یہ ہے کہ میرے دل میں ان کیلئے نہ تو کوئی نرم گوشہ پیدا ہوسکا اور نہ دماغ میں کوئی گرم شوشہ۔ (گرم شوشے غیبت کے سلسلے میں بہت کارآمد ثابت ہوتے ہیں) لیکن یہ بات میں بلاتامل کہہ سکتا ہوں کہ ظفر ہاشمی اگر سید نہ ہوتے تو بھی وہ دوسروں کی اتنی ہی عزت کرتے کہ لوگ حیرت زدہ ہو جاتے کہ ہائیں یہ کون صاحب ہیں جو ہماری اتنی عزت فرما رہے ہیں۔ ان کے اسی طرز عمل نے یعنی حسن سلوک نے ان کی عزت سادات پر کوئی حرف نہیں آنے دیا ہے۔ ان کا جب بھی میرے نام کوئی نامہ آتا ہے میں اسے بڑی احتیاط کے ساتھ کھولتا ہوں کہ اس میں جو عزت ملفوف ہے وہ کہیں زمین پر نہ گر پڑے اور مجھ پر اتنا بار پڑ جائے کہ اٹھائے نہ بنے۔ اچھے آدمی ہیں یار ہے ہوں گے۔ بزرگوں نے شاید اسی لئے کہا ہے کہ جو چیز دوسروں کے لئے پسند کرو وہ اپنے لئے بھی پسند کرو۔ سید ظفر قاسمی نے اس مقولے کو بہ انداز دگر اپنے لئے استعمال کیا ہے۔ ان کا دوسرا حسن سلوک خود اپنے پرچے کے ساتھ ہے۔ ان کی شاید یہ پرانی عادت ہے کہ جو کام اپنے ہاتھ میں لیا اسے (بادل ناخواستہ) پورا بلکہ پورے سے زیادہ کیا۔ ''گلبن'' اس کا چلتا پھرتا ثبوت ہے۔ (چلتا پھرتا اس لئے کہ جہاں سے نکلتا ہے وہیں نہیں ٹھہر جاتا دور دور تک جاتا ہے) اردو کے عام پرچوں کی دیرینہ اور دل خوش کن روایت کے مطابق اسلئے اب تک تو صرف ایک مرتبہ نہیں کئی مرتبہ بند ہو جانا چاہیے تھا لیکن یہ پرچہ جدھر سے نکلا نکلتا ہی رہا، ڈوبا کہیں نہیں اس کا نظام شمسی الگ ہی ہے۔ ایک ادبی رسالے کا سایہ دار درخت کی ساخت اور ہیئت کا اختیار کرنا شاید عجیب بات معلوم ہو لیکن اس 'گلبن' کے ساتھ یہی ہوا۔ نام اس کا گلبن ہے لیکن ہے یہ اصل میں نیم کا درخت جس دن صبح سویرے آپ کا اخبار دیر سے پہنچے۔ آپ اس کے انتظار میں 'گلبن' کا کوئی شمارہ بطور مسواک استعمال کر سکتے ہیں۔ کوئی خاص نمبر ہو تو اور بھی اچھا ہے لیکن 'گلبن' کے خاص شمارے مشکل ہی سے دستیاب ہوتے ہیں۔ کوئی نہ کوئی اٹھا کر لے جاتا ہے اور بات نہایت مفتی کے ساتھ لے جاتا ہے۔ یہ شمارہ دوبارہ ہاتھ نہیں آتا۔ چھٹی کے دن دوپہر میں آپ 'گلبن' کا استعمال کریں تو قیلولہ بخش ثابت ہوتا ہے۔ مزاحیہ نمبر ہو تو نیند میں بھی ہنسی آتی ہے۔ رات کے وقت نعت نمبر پڑھنا چاہیے۔ سر پر اس کا سایہ رہے تو اور کیا

چاہیے۔ مجھے اڑتی اڑتی خبر ملی تھی کہ سید ظفر ہاشمی کا آبائی وطن فیض آباد ہے۔ میں نے اس خبر کو زیادہ اہمیت نہیں دی تھی لیکن یہ فیض ’گلبن‘ میں کم سرایت کر گیا ہے۔ یہ اور بات ہے کہ گلبن کا نام ہمیشہ تشویش کا باعث رہا۔ اس نام کا دوسرا جز ’تکلیف دہ ہے اور اسکے اردو داں طبقے کو دو مختلف قبیلوں میں بانٹ دیتا ہے۔ وہ یوں کہ کچھ لوگ ’گلبن‘ کے بن کو جانِ من کا قافیہ بنا کر پڑھتے ہیں اور کچھ لوگ بَن کو جانِ من کا قافیہ بنا کر ’گلبن‘ پڑھتے ہیں۔ خاکسار چونکہ اول الذکر قسم کے لوگوں کے مسلک سے ہے۔ اس لئے اسے نشاطی کی مثنوی ’’پھول بن‘‘ کا ہم معنی سمجھ کر گلبن پڑھتا ہے۔ یہاں ایک بات یاد آ گئی چونکہ غیر ضروری ہے اس لئے سن لیجئے۔ بمبئی میں اتفاق سے پروفیسر قمر رئیس سے اس لفظ کے تلفظ پر تبادلہ خیال کا موقع یوں بر آمد ہوا کہ شاید ڈاک سے پرچہ ان کی موجودگی میں پہنچا تھا ان سے پوچھا کہ آپ اس گلبن کو سامنے رکھ کر پیش پڑھتے ہیں یا زبر سے۔ تو بولے میں تو پیش سے پڑھتا ہوں۔ اور اس کے معنی بھی سمجھائے۔ (جو مجھے پہلے سے معلوم تھے پروفیسر صاحبان کو کچھ شوق ہوتا ہے تفہیم کا) مجھے یہ لفظ اس لئے پسند ہے کہ آپ کتنی بھی کوشش کریں۔ اس کا املا غلط ہو ہی نہیں سکتا۔ اور ہمارے یہاں جتنے بھی ماہرین املا ہیں اس لفظ سے پریشان ہیں کہ وہ اس لفظ کا تلفظ تو درست کر سکتے ہیں۔ املا نہیں بگاڑ سکتے۔ اس نام کے انتخاب کے لئے سید ظفر ہاشمی کو ابھی داد دی جانی چاہیے بلکہ ہو سکے تو کبھی کبھی عش عش کر اٹھنا چاہیے کہ کیا نام چنا ہے۔ اردو پرچوں کے نام اکثر صورتوں میں بحث طلب رہے ہیں مثلاً حیدر آباد کے ایک مشہور رسالے ’’صبا‘‘ کے املے کی بحث میں لوگوں کی سمجھ میں یہ نہیں آ رہا تھا کہ اس سہ حرفی لفظ میں شوشے کتنے لگائے جائیں۔ اور سلیمان اریب مرحوم نے اس مسئلے کا حل یہ نکالا تھا کہ ایک مرتبہ دو شوشے والا ’صبا‘ نکالتے تھے تو دوسری مرتبہ ایک شوشے کا ہی۔ وہ اس طرح کہ اگر ’ب‘ کا نقطہ نہ لگایا جائے تو معلوم ہو کہ پرچہ نہیں نکالا ہے فیصلہ صادر کیا ہے۔ انشا کے بارے میں بھی بعض لوگوں کا خیال ہے کہ دو الفوں میں ’مقید اس لفظ کے آخری کے الف پر ہمزہ کا نشان لگایا جائے یا اسے یونہی مجرد چھوڑ دیا جائے۔ خاکسار ان افراد کے ارشاد کی تائید کرنا پسند کرے گا جو اس الف کو آزاد چھوڑ دینے کی رائے دیتے ہیں۔

نمٹائیے اس بحثِ معترضہ کی اور میرے ساتھ چند لمحے ظفر ہاشمی میں شریک

ہوئے۔سید ظفر ہاشمی اچھے نام کے تین اجزائے ترکیبی کے اتباع میں سہ جہتی شخص ہیں۔ صحافت ان کا پیشہ ہے۔(پیشہ تو شاید ان کا سرکاری ملازمت رہا ہے۔لیکن کب تک سرکاری پیشے دائمی مشغلہ نہیں بن پاتے)۔مزاح نگاری ان کا تیشہ ہے۔اور افسانہ نگاری شاید ان کے رگ و ریشے میں ہے۔سرکاری ملازمت کو شامل کرلیا جائے تو یہ چار کی گنتی پوری ہو جاتی ہیں۔اچھا ہوا وہ اس عدد پر رک گئے۔اگر شاعری بھی کرتے ہوتے تو ہم ان کا کیا بگاڑ لیتے۔کیا آج تک کسی نے کسی شاعر کو شعر کہنے سے روکا ہے۔(شاعر کی جگہ شخص پڑھیے)شاعر کو تو شعر کہنا ہی چاہیے۔

صحافت کے معاملے میں یہ بے حد ثابت قدم ہیں۔بیباک قلم ہیں اور طبعاً مستحکم شخص معلوم ہوتے ہیں۔یہ ان کے مزاج کا استحکام ہی ہے۔جو انھیں 'گلبن' کو پابندی کے ساتھ شائع کرنے میں ان کا مددگار رہا ہے۔گلبن شاید ان کے دل کی دھڑکن ہے اور نبض کی رفتار۔عمل کے دُھنی اور زبان کے دھنی لوگ ایسے ہی ہوتے ہیں۔نیم مجنوں اور نیم فرہاد۔صحافت اور وہ بھی اردو صحافت اور اس پر مستزاد گجرات کے نا اردو علاقے میں اردو صحافت سراسر گھاٹے کا سودا ہے۔انھوں نے یعنی مدیر محترم نے تو نقصان مایہ کی پروا کی نہ شامت ہمسایہ کی۔اداریہ لکھنے میں تو شبہ ہوتا ہے کہ جلتی انگیٹھی پر بیٹھ کر یہ کام کیا ہے(جلد اٹھ جاتے ہوں گے)کون کون سے اداریے کا ذکر کروں۔ابھی حال میں جو اداریہ میں نے پڑھا اس میں انھوں نے گجرات اردو اکاڈمی کے سب سے بڑے ایوارڈ کا ذکر نہایت دل پذیر انداز میں کیا۔اردو کا یہ ایوارڈ جن صاحب کو(غیر اردو داں اور غیر گجرات نشین)دیا گیا ان کی معصومیات اور کبر سنی کا تو خاصا لحاظ کیا۔حفظ مراتب کو حفظ رکھا لیکن ایوارڈ دینے والوں کے انتخاب کو غالب کے پرزے بنا دیا۔جس انگیٹھی پر بیٹھ کر اداریہ لکھا اس سے اڑتے ہوئے شراروں سے اتنی روشنی پھیلی کہ دیکھنے والوں کی آنکھیں چندھیا گئیں۔تھوڑی سی ہنسی بھی آئی یہ اسلئے کہ ظفر ہاشمی کتنا ہی سخت لکھیں اور کتنا ہی درشت بولیں ہیں تو مزاح نگار۔ مزاح جسے ہوا کا جھونکا کہا گیا ہے۔شراروں کو جگنو بنا دیتا ہے۔اور جگنو کسی کو نقصان نہیں پہنچاتے۔اندھیرے میں راستہ دکھاتے ہیں۔بس یہ ہیکہ انکے جگنو حضرت سوداؔ کے جگنو کے رشتے دار معلوم ہوتے ہیں سودا اپنی ہجو میں لکھنے کی اسٹیشنری بھی جگنو کے سر پر رکھتے ہیں۔

سید ظفر ہاشمی نے اپنی مزاح نگاری کو اپنا شناختی کارڈ نہیں بنایا۔ان کی مزاح نگاری کو میں اس چہل قدمی کا نام دوں گا جو موسمی ہوتی ہیں۔بارش کے موسم میں قطعی منقطع۔ صبح خیزی میں ذرا سی بھی غفلت ہوئی چہل قدمی ملتوی۔اور التوا بھی بڑی مرض التوا کی طرح ہوتا ہے جو سرکاری دفتروں میں رائج ہے حالانکہ ایسا مزاح جو مکالماتی ہو اور نیشنل ہائی وے اور شیر شاہ سوری کی تعمیر کی ہوئی سڑک کی طرح طویل وعریض ہو صرف ظفر ہاشمی ہی لکھ سکتے ہیں۔اگر وہ اس شارع خاص پر وقتاً فوقتاً بھی ہوا خوری کی غرض سے نکل پڑتے اور اسے عادتِ خفیفہ کی بجائے شمشاہی یا کم سے کم نو ماہی منصوبہ بناتے تو ہندوستان کی ہر مزاحیہ کانفرنس اور زندہ دلان وطن کی ہر محفل میں ان کی شرکت اتنی ضروری ہی قرار پاتی جتنی کہ تاتار کے دارالخلافہ شہر ختن میں آہو کی موجودگی ضروری ہے۔(یعنی لوگوں کو تو شبہ ہے کہ ختن میں صرف آہو بستے ہیں جو ظاہر ہے ایک عظیم غلط فہمی ہے۔آہوے ختن تو اس لئے مشہور ہے کہ ان کے مشکیزے میں جو مشک پائی جاتی ہے وہ نکہت وخوشبو میں اپنی مثال آپ ہوتی ہیں)ان کا ناول حاجی معلق اگر آپ نے نہیں پڑھا ہے تو آپ پڑھ لیجیے۔اور تھوڑی دیر کف افسوس ملئے کہ آپ ایک عرصے تک اچھے طنزیہ اور مزاحیہ ناول کے مطالعے سے محروم رہے۔اردو میں کردار نگاری کے اچھے نمونے کب ملتے ہیں۔حاجی بغلول مرزا ظاہر دار لگ،خوجی،شیطان،مرزا چپاتی کے علاوہ دو ایک اور۔انھیں میں ایک حاجی معلق بھی ہیں۔اس ناول کے خالق نے اپنی کتاب کو'خاکہ' لکھا ہے۔چلئے کہ یہی صحیح۔خاکہ طویل ہو تو ناول ہو جاتا ہے۔یہ بات میں نے کہیں پڑھی تھی اسلئے یاد رہ گئی۔

اور عجیب بات یہ ہے کہ ظفر ہاشمی افسانہ نگار بھی ہیں۔اس شق میں بھی انھوں نے افسانہ نگاری کو تفریح نگاری سے زیادہ اہمیت نہیں دی۔ایک لحاظ سے اچھا ہی ہوا ورنہ درد بھرے افسانوں کا انبار لگ جاتا۔ان کے افسانوں کا مجموعہ''عجیب بات ہے''۱۹۹۰ء میں شائع ہوا تھا۔اگر وہ ہر قسم کی'نگاری' کا پنج سالہ یا دس سالہ منصوبہ بنانے کے شوقین ہیں تو اس شوق کی طرف انھیں فی الفور متوجہ ہونا چاہیے۔سال رواں ۱۹۹۹ء ہے اور چونکہ وہ آڈٹ آفیسر رہے ہیں اس لئے انھیں معلوم ہوگا کہ ۹۹ء کے بعد جو سال ہوتا ہے وہ دہے کا آخری سال ہوتا ہے۔(دہے کو دہائی بھی کہا جاتا ہے لیکن ہوسکتا ہے یہ بیگماتی زبان ہو)۔

ظفر ہاشمی نے اپنے 'ظلبن' کو کبھی اپنے لئے استعمال نہیں کیا۔ میرے حساب سے وہ دوسرے ایڈیٹر ہے جنھوں نے اپنے پرچے کو ہمیشہ غیر کی ملکیت سمجھا۔ عابد سہیل جب اپنا پرچہ 'کتاب' شائع کرتے تھے تو اس بات کا خیال رکھتے تھے اس پرچے سے خود ان کی کوئی تشہیر نہ ہو۔ اگر ظفر ہاشمی ان کے ہم قدم رہنا چاہتے ہیں تو اپنا دوسرا افسانوی مجموعہ فوراً شائع کریں۔ (عابد سہیل نے یہی کیا ہے)۔ یہ کوئی موازنہ انیس و دبیر نہیں ہے برسبیل تذکرہ یہ بات یاد آگئی۔)

مجھے ایک بات اور یاد آگئی اصل میں ظفر ہاشمی کی یادُ یادوں کی بارات' کی طرح کی ایک چیز ہے۔ ان کا تعلق گجرات اردو لٹریری اینڈ کلچرل اکاڈمی سے بھی رہا ہے (اب بھی ہوگا)۔ اہل گجرات اس سوسائٹی کو وقت کی تنگی کی وجہ سے گلگا کہا کرتے تھے۔ ظفر ہاشمی نے مجھے ایک مرتبہ لکھا تھا کہ وہ 'گلگا' کی طرف سے کسی جلسے میں شرکت کی دعوت بھیجنے والے ہیں۔ اسے بھی کم سے کم دس سال تو ہو ہی گئے ہونگے۔ یہ بات میں صرف اس لئے لکھ رہا ہوں کہ کوئی اس غلط فہمی میں نہ رہے کہ میں نے گجرات دیکھا ہی نہیں ہے۔ کم سے کم دو مرتبہ تو احمد آباد ہو ہی آیا ہوں اور شاید ایک مرتبہ ان کی تلاش میں سرگرداں بھی رہا تھا۔ انکی خوش قسمتی کہ وہ بچ گئے۔ میں اسے بھی ان کی خوش خلقی سمجھتا ہوں۔ بس ملاقات ہو جاتی تو یہ خلش کہاں سے ہوتی۔

فقیر محمد مستری

کیپٹن فقیر محمد مستری کے بارے میں میں ایک عرصے تک غلط فہمی میں مبتلا رہا۔ ایک غلط فہمی تو یہ تھی کہ ان کے دو سر نیم کیسے ہو سکے ہیں۔ کیپٹن بھی اور مستری بھی اور یہ آگے پیچھے کیوں لگے ہیں۔ پھر خیال ہوا وہ ہمیشہ چڑھائی پر چڑھتے رہے اس لئے دو تین سر نیم بھی ان کے لئے موزوں ثابت ہو سکتے تھے۔ جب سر نیم کے تعلق سے میں نے دل ہی دل میں فیصلہ کر لیا کہ فقیر محمد بھی عام آدمیوں کی طرح ایک ہی سر نیم کے ساتھ زندگی گزار سکتے ہیں تو دوسرا خیال آیا کہ ممکن یہ اپنی طالب علمی کے زمانے میں اپنے اسکول کے فٹ بال ٹیم یا رسہ کشی کی ٹیم کے کپتان رہے ہوں اور یہ خطاب انہیں عمر بھر کے لئے عطا کر دیا گیا ہو۔ سر نیم کی طرح نِک نیم بھی ہمارے یہاں رائج ہیں۔ رسہ کشی کی ٹیمیں ایک زمانے میں ہمارے اسکولوں مں ضرور ہوا کرتی تھیں اور ایسے طالب علموں کو جو قطب از جا نمی جلبد ہوتے تھے ٹیم کا سنتری بنایا جاتا تھا۔ فقیر محمد مستری میں صلاحیت کچھ زیادہ ہی تھی ان میں

دوسروں کو اپنی طرف کھینچ لینے کی غیر معمولی خصوصیت شروع ہی سے موجود تھی اور موصوف نے اپنی عملی زندگی میں قدرت کی عطا کی ہوئی اس صلاحیت کو اتنا مانجھا اور خوش اسلوبی کے ساتھ اتنا برتا کہ جو بھی ان سے ملا ان کے پیچھے پیچھے ہی پھرتا۔ انہوں نے کبھی رسہ کشی میں حصہ لیا ہو یا نہ لیا ہو میں اپنی حد تک انہیں بہر حال اس نازیبا کھیل کا چمپین مانتا ہوں۔ کیپٹن تو یہ پورٹ ٹرسٹ کی ملازمت کے دوران ہوئے۔ پورٹ ٹرسٹ میں ملازمت دو قسم کی ہوتی ہے۔ ایک چھت کے نیچے اور دوسری آسمان کے نیچے لیکن سطح سمندر کے اوپر۔ دوسری قسم کی ملازمت میں آدمی کو 'جہاز رانی' کے گر سیکھنے ہوتے ہیں۔ یوں سمجھئے نیوی، اگر روپ ہے تو پورٹ ٹرسٹ کی جہاز رانی بہروپ ہے۔ ہوتا یہ ہے کہ باہر سے آنے والا پانی کا جہاز، سمندر میں سفر کرتے ہوئے جب بندرگاہ کے قرب و جوار میں پہنچتا ہے تو اسے ایک نقطہ انجماد پر روک دیا جاتا ہے اور اس نقطہ انجماد سے 'گودی' تک کا بحری سفر یہ جہاز پورٹ ٹرسٹ کے ایک 'کیپٹن' کی سرکردگی میں طے کرتا ہے۔ کیپٹن فقیر محمد مستری اسی خدمت پر مامور تھے۔ پورٹ ٹرسٹ میں ان کے علاوہ بھی کئی کیپٹن ہونگے لیکن وہ لوگ صرف کیپٹن تھے فقیر محمد مستری نہیں تھے۔ فقیر محمد مستری ہونا آسان کام نہیں جبکہ پورٹ ٹرسٹ میں کیپٹن ہو جانا مشکل کام نہیں، صرف ایک ڈولتے ہوئے پل پر جو عارضی پل ہوتا ہے۔ چند قدم (جو کم سے کم ۳۰ تو ہوتے ہی ہوں گے) چل کر پانی کے جہاز پر چڑھنا آنا چاہئے۔ اس عارضی پل پر بڑے سے بڑا کیپٹن اپنا توازن برقرار نہیں رکھ سکتا اسے سانس روک کر اس غیر صراطی پل کو پار کرنا پڑتا ہے۔ باہر سے آئے ہوئے جہاز میں بیٹھے ہوئے مسافر بھی اس کیپٹن کی سلامتی کی دعائیں مانگنے لگتے ہیں لیکن معتبر ذرائع سے معلوم یہ ہوا ہے کہ کیپٹن فقیر محمد مستری لکڑی کے تختوں سے بنے ہوئے اس پل پر اس قدر عمدگی سے تیز تیز چلتے تھے کہ ان کے پائے استقامت میں نہ تو کوئی لکنت پیدا ہوتی تھی اور نہ انہیں کسی سہارے کی ضرورت پیش آتی تھی۔ ان کی سبک رفتاری دیکھ کر جہاز کے مسافر بھی عش عش کر اٹھتے تھے۔ کہا جاتا ہے کہ کیپٹن موصوف کا یہ سفر بھی تالیوں کی گونج میں ادا ہوتا تھا۔ تالیاں کیپٹن فقیر محمد مستری کا زندگی کا اہم حصہ رہی ہیں اس لئے کہ فقیر محمد مستری نقش کوکن ٹیلنٹ فورم کے بھی کیپٹن رہے ہیں۔ نقش کوکن کی ادارت کو بھی میں ایک لحاظ سے کپتانی ہی سمجھتا ہوں۔ انہوں نے از راہ

محبت مجھے کچھ عرصے تک نقش کوکن کی ادارت میں شامل کررکھا تھا۔اور ہر ماہ اپنی طرف سے ایک نئی ڈگری مرے نام کے ساتھ منسلک کردیتے تھے۔ جتنے دنوں میں ان کے نقش کوکن کی مجلس مشاورت میں رہا کبھی بی اے آنرز رہا اور کبھی ایل ایل بی۔ میں بڑی مشکل سے انہیں سمجھا سکا کہ مستری صاحب یہ دونوں ڈگریاں قابل لوگوں کو دی جاتی ہیں۔ جونہی انہیں اس بات کا علم ہوا مرا نام مجلس مشاورت سے یوں خارج کردیا گیا جیسے گویا میں نے بی اے آنرز کی ڈگری نہ لے کر نقش کوکن کو بہت نقصان پہنچایا ہو۔نقش کوکن سے کیپٹن فقیر محمد مستری کی وابستگی اتنی شدید تھی کہ اس کے قارئین چاہتے تھے کہ موصوف اس پرچے کے ''دائم المدیر'' رہے ہیں۔انہوں نے نقش کوکن کو ہمیشہ سینے سے لگائے رکھا۔اس کے بناؤ سنگھار پر اتنی توجہ کی کہ رسالہ کسی پرنٹنگ پریس سے چھپ کر نہیں بلکہ بیوٹی پارلر سے سج کر نکلنے والی دوشیزہ معلوم ہونے لگا۔فقیر محمد مستری کا جمالیاتی ذوق اتنا بلند ہوسکتا ہے اس کا اندازہ کسی کو نہیں تھا۔اسی 'دیدہ ریزی' نے انکی بینائی کو متاثر کیا اور انہیں سبکدوش ہونے پر مجبور ہونا پڑا۔

نقش کوکن ٹیلنٹ فورم کے بارے میں اگر میں کچھ لکھنا شروع کروں تو سوچتا ہوں ختم کیسے کروں گا اس لئے صرف اتنا ہی عرض کروں گا کہ اس ٹیلنٹ فورم نے شہر ممبئی ہی کا نہیں پوری ریاست کا فارم بدل دیا۔طالب علم تو خیر طالب علم ہیں اساتذہ اور دوسرے اعلیٰ تعلیم یافتہ لوگوں کا جو اس ٹیلنٹ فورم کے مقابلوں میں سامعین کی حیثیت سے شریک ہوئے ہیں۔ بلڈ پریشر بڑھا دیا ہے۔ان مقابلوں میں ایسے ایسے سوالات سننے میں آتے ہیں جن کے جواب فوری طور پر لوگوں کے ذہن میں نہیں آتے لیکن ذہین طالب علم ان کے جواب فی الفور اس طرح پیش کرتے ہیں جیسے طالب علم نہ ہوں ہز ماسٹرس وائس کا گراموفون پر بجنے والا ریکارڈ ہوں ادھر ریکارڈ پر سوئی رکھی نہیں کہ بجنا شروع ہوگیا۔ ٹیلنٹ فورم کے مقابلوں میں اس خاکسار کو بھی شرکت کا موقع ملا ہے۔بحیثیت سامع بھی اور بحیثیت جج بھی۔ دونوں حیثیتوں میں میں نے محسوس کیا کہ میرا انتخاب غلط تھا اس فورم کے سربراہ تو ڈاکٹر عبدالکریم نائیک ہیں،روحِ رواں مبارک کاپڑی ہیں لیکن جلسوں کے انعقاد کے کیپٹن کیپٹن فقیر محمد مستری ہیں۔جلسوں کی نظامت کرتے ہیں تو معلوم ہوتا ہے کہ صحیح کیپٹن ہیں اور جہاز کو بآسانی ساحل تک پہنچا کر ہی دم لیں گے۔ان کی نظامت سے لوگ اتنے خوش ہوتے

ہیں کہ ان کا جی چاہتا ہے کہ جلسہ ہو یا نہ ہو، یہ نظامت ضرور کرتے رہیں۔ کیپٹن فقیر محمد مستری صرف زبان، کے کیپٹن نہیں ہیں عمل کے بھی کپتان ہیں۔ معمولی سے معمولی کام کرنے میں انہیں تامل نہیں۔ مہمانوں کا استقبال کرتے وقت اتنا جھک جاتے ہیں کہ شبہ ہوتا ہے ان کی کمر تو نہیں بیٹھ گئی۔ لیکن یہ ان کا انداز سخن ہے جو بہت دلنواز ہے۔

فقیر محمد مستری دو مرتبہ سبکدوش ہوئے ہیں۔ کپتانی سے اور ادارت سے لیکن ان کی مصروفیت کم نہیں ہوئی زیادہ ہوگئی ہے۔ بینائی بھی میں سمجھتا ہوں تیز ہوگئی ہے اور یہ دور سے آدمی کو دیکھ کر پہچان لیتے ہیں کہ یہ آدمی ہے یا ٹیلنٹ ہے۔ ٹیلنٹ فورم کے جلسوں کا انتظام وہ اپنی اسی 'دور بینی' کی بناء پر کرتے ہیں۔ ان جلسوں کی مقبولیت کا یہ عالم ہے کہ 'اہل خیر' کیپٹن فقیر محمد مستری کی فرمائش کے منتظر رہتے ہیں کہ یہ کہیں کہ اس جلسے کا انتظام آپ کے ذمے ہے اور ان کی خوشی کا ٹھکانہ نہ رہے۔ 'ٹیلنٹ فورم کے مقابلے ریاست کے مختلف شہروں میں منعقد ہوتے ہیں اور فقیر محمد مستری یہ بتانے کے لئے کہ وہ ابھی پہلے ہی کی طرح نوجوان ہیں۔ وہاں پہنچ جاتے ہیں اور نہ صرف جلسے کا الف سے ی تک انتظام کرتے ہیں بلکہ یہ بھی دیکھ لیتے ہیں کہ مہمانوں کے لنچ کا انتظام ہے یا نہیں۔ (نہیں کا تو سوال ہی نہیں پیدا ہوتا) سنا ہے وہ کھانا چکھ بھی لیتے ہیں اور نمک مرچ کا ان کو اتنا اچھا اندازہ ہے کہ کیا کسی خاتون کو ہوگا۔ بس یہ ہے کہ وہ اپنی باتوں میں کبھی نمک مرچ نہیں لگاتے۔ جو بھی کہتے ہیں سادہ ہوتا ہے لیکن دلپذیر۔ منکسر المزاج اتنے ہیں کہ اس میں صرف انکسار ہی انکسار ہے مزاج بالکل نہیں۔ ان کی مسکراہٹ پر میں نے بہت غور کیا ہے یہ ہونٹوں کی مسکراہٹ تو ہوتی ہے لیکن راست ان کے دل سے روانہ ہو کر لبوں تک پہنچتی اور ان کے مخاطب کو زیر کر لیتی ہے۔

فقیر محمد مستری اب واشی کے باشی ہیں اور اس نئے شہر کو بھی انہوں نے اپنی سوشل سروس کا مرکز بنا دیا ہے۔ فقیر محمد مستری اپنی عادتوں سے باز نہیں آسکتے۔ ان کے دوستوں کا حلقہ کچھ اتنا وسیع ہے کہ سرکار سوچ رہی ہے کہ ان دوستوں کی تعداد گننے کے لئے کیوں نہ علاحدہ سے مردم شاری کروائی جائے۔ اگر ایسا ہوا تو یقین ہے اس مردم شماری کی نظامت بھی کیپٹن فقیر محمد مستری کریں گے۔

انہیں اپنی دنیا آپ پیدا کرنے کا فن آتا ہے اور چونکہ ان کا پانی کے جہازوں سے تعلق رہا ہے اس لئے اس فن پر انہیں 'عبور' حاصل ہو چکا ہے۔ پل کیسا ہی کیوں نہ ہو کیپٹن فقیر محمد مستری اسے ایک پل میں طے کر لیں گے۔ فقیر محمد مستری اپنے دونوں "سرنیموں" کے ساتھ میرے لئے "مثالی کیپٹن ہیں"۔

سلطان علی خاں

حالانکہ رہنے والے وہ نانديڑ کے ہیں لیکن اس کے باوجود شریف آدمی ہیں۔ نانديڑ کے متوطن لوگوں کے بارے میں دوسرے شہروں کے متوطن عام طور پر شک وشبہ میں مبتلا رہتے ہیں۔ اصل میں ان لوگوں کو پریشان رہنے کا شوق ہوتا ہے۔ پریشانی کا ان کے پاس ایک جواز ہوتا ہے وہ یہ کہ نانديڑ کو اپنا وطن بتانے والے بہت کم شرفا میں بہت کم لوگ واقعی نانديڑ کی اصلی کرنسی ہوتے ہیں۔ ان میں سے بہت سا مال اسمگل کیا ہوتا ہے اور عام طور پر یہ لوگ یا تو قندھار کے ہوتے ہیں یا حد گاؤں کے۔ انھیں ہنگولی اور بلولی وغیرہ جیسے اطراف واکناف میں پھیلے ہوئے نیم شہروں کی پیداوار پایا گیا ہے۔ لیکن اگر آدمی ٹھنڈے دل سے (جو بہت کم لوگوں کو نصیب ہوتا ہے) سوچے تو آدمی کے یہاں کے متوطن اور وہاں کے متوطن ہونے سے اس کی ذات وصفات میں کیا فرق پڑتا ہے۔ وہ کاٹھمنڈو میں پیدا ہو یا واشنگٹن میں۔ اگر اسے شریف رہنا ہے تو دنیا کی کوئی طاقت اسے شریف ہونے اور

بنے رہنے سے نہیں روک سکتی اور یہی وہ فلسفہ اور وجہ ہے کہ میرے دوست سلطان علی خاں خواہ وہ شہر نانديڑ کے باشندے نہ بھی ہوں، بلا خوف تردید اور بنا شرط تائید شریف آدمی کہلائے جاتے ہیں اور میں بھی اُنکی اس رائے عامہ کے نہ صرف حق میں ہوں بلکہ ان لوگوں کو بھی جنہوں نے یہ رائے قائم کی ہے شریف مانتا ہوں اور ان سے اس رائے پر سختی سے قائم رہنے کی یوں مجھیے سفارش کرتا ہوں سفارش کے بغیر آج کل کوئی کام ہوتا بھی کہاں ہے۔

سلطان علی خاں ایک ایسے محکمے میں برسرکار رہے جس کا نفس مضمون صحیح لیکن عنوان غلط تھا۔ سرکاری محکموں میں اکثر ایسا ہوتا ہے مثلاً صحت عامہ میں ایک عہدہ ملیریا انسپکٹر کا بھی ہے۔ جس کا اصل کام ملیریا کا سدِّ باب کرنا ہے لیکن نام سے ایسا معلوم ہوتا ہے کہ شہروں میں ملیریا یہی شخص جاری کرتا ہے۔ ہر سرکاری اور غیر سرکاری دفتر میں ایک خدمت ہوتی ہے جس کا لقب ہوتا ہے انکوائری کلرک۔ یہ شخص (اگر اپنی جگہ کبھی موجود پایا گیا) استفساری سوالات کرتا نہیں ہے بلکہ ہر کوئز کو جواب دیتا ہے۔ اب یہ پوچھنے والے کی قسمت پر منحصر ہے کہ یہ کلرک صحیح راستہ بتاتا ہے کہ گمراہ ہوتا ہے۔ یعنی کلرک تو صرف صاف جواب، دے دیتے ہیں۔ میں شاید رو میں اس موضوع پر زیادہ بول گیا۔ میں یہ کہنا چاہ رہا تھا کہ سلطان علی خاں جس محکمے سے منسلک رہے ہیں اس کا اسم گرامی سیلس ٹیکس ڈپارٹمنٹ تھا اور بکری ٹیکس عجیب اتفاق ہے کہ ایک لحاظ سے حسن انتظام ہے کہ یہ بیچنے والوں سے نہیں خریداروں سے وصول کیا جاتا ہے۔ یہ اصل میں خریدی ٹیکس ہے لیکن یہ نام نہیں اس کی عرفیت ہے اور عرفیت صرف گھریلو استعمال کے لیے ہوتی ہے۔ سلطان علی خاں ہوسکتا ہے اپنے گھر میں ننھے میاں رہے ہوں یا ببلو کے نام سے گودوں میں لیے اور ہاتھوں سے اچھالے جاتے ہوں لیکن باہر تو یہ سلطان علی خاں ہی کہلائیں گے۔ ان کے ڈپارٹمنٹ کے اعمال واشغال کچھ ہوں لیکن اسے سیلس ٹیکس ڈپارٹمنٹ ہی کہا جائے گا۔ حد یہ ہوگئی ہے کہ اگر آپ کسی ریستوراں میں کھانا کھانے جائیں تو کھانے کی قیمت کی جو تحریری تفصیل آپ کی خدمت میں پیش کی جائے گی اس میں متفرق اخراجات بھی درج ہوں گے۔ اور معاوضہ خدمت (سروس دس چارج) کے علاوہ سیلس ٹیکس بھی مرقوم ہوگا۔ مزید براں اگر کچھ مابقی ریزگاری واپس شدنی ہوتی ہے تو بھی صرف آپ کے ملاحظے کی غرض سے ایک تشتری میں

رکھ کر اس لیے پیش کی جاتی ہے اسے آپ ہاتھ نہ لگائیں بلکہ اگر ریزگاری قلیل ہے تو اسے معقول بنا کر ہدیہ تشکر کے طور پر واپس بھیج دیں۔ مجھے یہ عرض کرنے کی اجازت دیجیے کہ ریستوراں کی ثقیل سے ثقیل ڈش آپ کے حلق سے اتر سکتی ہے لیکن یہ بکری ٹیکس، آپ کے حلق سے نہیں اتر سکتا۔ (تجربہ کر کے دیکھ لیجئے اور سچ کہنے کی داد مجھے دیجیے۔)

اس مرتبہ بھی میں زیادہ بول گیا لیکن مجھے بتانا یہی تھا کہ ایسے غلط نام کے محکمے سے منسلک رہنے کے باوجود سلطان علی خاں کے دیرینہ اور روایتی مزاج پر کوئی مضر اثر نہیں پڑا۔ ان کے دوسرے احوال یہ ہیں کہ یہ بی۔ اے تو تھے ہی لیکن بی۔ اے بھی بھلا کوئی قابل ذکر ڈگری ہوتی ہے اس لیے انھوں نے ایل ایل بی کا بھی امتحان کامیاب کیا۔ اب آپ غور کیجیے یہ ڈگری یعنی اس کا نام بھی کتنا پیچیدہ اور بر خود غلط ہے۔ اس میں انگریزی حروف کو خواہ مخواہ دہرایا گیا ہے اور حروف ایل کی غیر ضروری تکرار ہے جبکہ ایل ایل بی بھی صرف گریجویٹ ہوتا ہے۔ اس ڈگری کی ایک اور قباحت یہ ہے کہ پہلے کی حاصل کی ہوئی ڈگری یعنی بی۔ اے کا بھی ذکر کرنا ضروری مانا گیا ہے۔ صرف ایل ایل بی کہنے سے کام نہیں بنتا اور لوگ یہ سمجھتے ہیں کہ اس شخص نے بی اے کرنے سے پہلے کیسے ایل ایل بی کر لیا؟ اس ڈگری کی بدولت ایک معصوم آدمی صرف قانون کا گریجویٹ نہیں ہوتا بلکہ اسے قوانین (لاز) کا گریجویٹ کہا جاتا ہے یہ دوسرے سارے فارغ التحصیل سند یافتہ گریجویٹوں کے ساتھ زیادتی ہے۔ تاہم سلطان علی خاں قوانین کے گریجویٹ ہو کر بھی مطمئن نہیں ہوئے۔ ان کے دل میں یہ خلش ہمیشہ انھیں مضطرب کرتی رہی کہ ایل ایل بی کے یا تو نصاب میں کوئی خامی تھی یا ان کے معلمین نے انھیں دل کھول کر نہیں پڑھایا۔ ان کی اسی خلش نے انھیں ایک اور ڈگری جو ذرا اعلا تھی حاصل کرنے پر مشتعل و مجبور کیا۔ اور وہ نہایت ہی قلیل عرصے میں ال ال ایم ہو گئے۔ (شکر ہے کہ اس کے بعد وہ چین سے بیٹھے ورنہ انھیں بار ایٹ لا بننے سے کون روک سکتا تھا۔) نانہ یڑ کی روایت یہ بھی رہی ہے کہ لڑکا ڈگریاں چاہے جتنی حاصل کرے لیکن اس بے راہ روی سے پہلے شادی شدہ ہونے کی ڈگری بہر حال حاصل کر لے۔ شاید اسی ڈگری نے سلطان علی خاں کو بار ایٹ لا بننے سے روک دیا اور وہ اس سرخ سگنل کو پار نہیں کر سکے۔ ہماری مشرقی تہذیب میں سب سے زیادہ 'پاور فل' ڈگری یہی ہوتی

ہے کورس کچھ ہو یا نہ ہو اس میں فورس بہت ہوتا ہے۔

سلطان علی خاں کی ایک خاص بات یہ بھی ہے کہ انھیں ادب سے بڑی دلچسپی ہے۔ میں اس خاص بات کو 'خوبی' کا بھی نام دے سکتا تھا لیکن اب ادب سے دلچسپی رکھنا ،خوبی کے زمرے میں ہے نہیں۔ لیکن انھوں نے ادب اور خاص طور پر شاعری بہت پڑھی ہے۔ ایک زمانہ تھا کہ جب غالب کی شہرت اور مقبولیت پر اقبال کی اقبال مندی غالب آگئی تھی اسی زمانے میں سلطان علی خاں نے اقبال کا سارا کلام اور اس کلام کی شرحیں پڑھ ڈالیں۔ ان میں ایک خرابی یہ بھی ہے کہ ان کے ذخیرۂ کتب میں مسروقہ کتابیں ہیں ہی نہیں۔ چونکہ یہ کتابیں انھوں نے خود خریدی ہیں اس لیے 'زرِ خورم' کے مطابق انھیں ان کتابوں کو ایک بار نہیں بار بار پڑھنا پڑا۔ اقبال تو خیر خیریت سے رہے لیکن غالب کے کلام کی مختلف متعدد متوازی اور متضاد تشریحیں پڑھ پڑھ کر ان کا حال برا ہو گیا اور اس متزلزل و مسلسل مطالعے کا نتیجہ یہ نکلا کہ یہ جب بھی غالب کا کوئی شعر پڑھتے ہیں گھنٹوں پریشان رہتے ہیں کہ غالب نے کہا کیا ہے؟ خود پریشان رہیں تو کوئی حرج نہیں لیکن یہ تو ہر اس شخص سے مشورہ کرنے لگتے ہیں جو خود پہلے ہی پریشان ہوتا ہے۔ غالب کے کلام کا کمال یہی ہے کہ ان کا قاری سائنس کا گریجویٹ ہو یا قوانین کا ماسٹر اس کا حیران و ششدر رہنا ضروری ہے جس کو ہو جان و دل عزیز اس کی گلی میں جائے کیوں، یہ غالب کا شعر بھی سیلس ٹیکس کی طرح آسانی سے گلے سے اترتا نہیں ہے۔ لیکن غالب بہرحال غالب ہیں اور مدعا عنقا ہے ان کے عالم اشعار کا۔

اور ایک دن اچانک مجھ پر اس بات کا انکشاف نازل ہوا کہ موصوف مزاح بھی پڑھتے ہیں اور یہ کہ میری مزاح نگاری انھیں کسی کے کہنے سمجھانے سے نہیں بلکہ خود ان کی اپنی حسِ مزاح اور سخن شناسی کی وجہ سے اتنی زیادہ بھا گئی ہے کہ وہ میری ۵۰ سالہ ادبی خدمات کا علی الاعلان اعتراف کرنا چاہتے ہیں۔ میں یہ سن کر واقعی خوف زدہ ہو گیا کیونکہ اعتراف خدمات کے جلسوں کا معاملہ خاصا نزاعی اور نازک ہے۔ یہ جلسہ خواہ کوئی کرے عام طور پر سمجھا یہی جاتا ہے کہ اس کارروائی میں 'صاحب جلسہ' کا کوئی نہ کوئی ہاتھ ،دایاں ہو بایاں یا کم سے کم انگشتِ شہادت ضرور کارفرما ہے (بعض صورتوں میں یہ قیاس یا گمان مبنی بر حقیقت

بھی ہوتا ہے) میرے دل میں ایک اور ناقص و ناز یبا خیال بھی آیا لیکن غنیمت کہ یہ خیال دل کے کسی خفیف گوشہ ہی میں سسکتا رہا۔ الفاظ کا جامہ پہن کر میری زبان پر نہیں آیا۔ آجاتا تو سلطان علی خاں کو اپنے ''خان'' ہونے کا ولولہ انگیز خیال آجاتا۔ اب تو خیر اس واردات کو گزرے ایک مدت ہوگئی اس لیے میں آپ کو بتاتا ہوں کہ میں ان سے کیا پوچھنے والا تھا۔ پوچھتا تو یہی پوچھتا کہ اس جلسہ اعتراف خدمات پر سیلس ٹیکس تو عائد نہیں ہوگا۔ لیکن ایسا مہمل سوال کرنا نہ تو مزاح کی شق میں آتا اور نہ تہذیب کی۔ سلطان علی خاں کتنے ہی سیدھے سادھے کیوں نہ ہوں ہیں تو خان اور ذکی الحس۔ بہر حال طے یہ ہوا بلکہ باضابطہ معاہدہ یہ ہوا کہ کوئی جلسہ نہیں ہوگا بلکہ صرف ایک نشست ہوگی۔ (یعنی لوگوں کو بیٹھنے کی اجازت ہوگی) لیکن معاہدہ چونکہ تحریری نہیں تھا اس لیے چھوٹی سی بات افسانہ بن گئی اور جلسہ اتنے بڑے پیمانے کا ہوا کہ پیمانہ تو پیمانہ صراحی بھی لبریز ہوگئی۔ اب وہ جلسہ یاد آتا ہے تو دل پر ایک چوٹ سی لگتی ہے کیونکہ اس جلسے میں علی سردار جعفری بھی تھے اور مجروح سلطانپوری بھی۔ حال ہی میں یکے بعد دیگرے رخصت ہوئے۔ اورنگ آباد سے میرے دوست ڈاکٹر صفی الدین صدیقی بھی آگئے تھے لیکن چند ماہ پہلے انہوں نے بھی منہ موڑ لیا۔ سامعین کی صف میں میرے بہت ہی عزیز دوست محمود چھابرا موجود تھے۔ جوشی کی ادبی محفلوں کی جان ہوا کرتے تھے۔ قیصر عثمانی بھی تھے۔ یہ بھی سوگوار کر گئے۔ حیدر آباد سے ڈاکٹر راج بہادر گوڑ (جنھوں نے کبھی ڈاکٹری نہیں کی) (شگوفہ طراز) پروفیسر رحمت یوسف زئی بھی شریک رہے اور ڈاکٹر رفیق ذکریا نے اس جلسہ تہنیت کا افتتاح کیا۔ سلطان علی خاں نے اس دن اپنے ایک رسالے 'بنیاد' کا افتتاحی شمارہ بھی شائع کیا۔ جو یوسف ناظم نمبر کے نام سے بکا تو نہیں لیکن بچا بھی نہیں۔ (سلطان علی خاں کو گھاٹے کا سودا کرنے میں لطف آتا ہے) میں نے محسوس کیا کہ اس جلسے کے انعقاد سے جتنا میں خوش ہوا تھا اس سے زیادہ سلطان علی خاں خوش ہوئے تھے اور ان کی یہ خوشی مصنوعی (یا مصنوعاتی) ہوگی لیکن غور سے دیکھنے پر پتہ یہ چلا کہ ان کی خوشی بے حد اندرونی ہے اور عمیق بھی۔ (ہونی بھی چاہیے لیکن اس کی وجہ یہ نہیں تھی کہ میں نے وہ کیسہ زر واپس کر دیا تھا جو موصوف نے پیش کر کے مجھے ناظم سے نادم کر دینے پر مائل تھے۔) اس جلسے کے بعد بھی وہ راہ راست پر نہیں آئے ہیں اور ادب سے ان کی

دلچسپی نہ صرف برقرار ہے بلکہ اس میں موجودہ گرانی کی طرح اچھا خاصا اضافہ ہوا ہے۔

سلطان علی خاں جو پہلے تنخواہ یاب تھے اب وظیفہ یاب ہیں۔ وہ چاہتے تو آرام سے گھر بیٹھ کر ٹی وی دیکھا کرتے لیکن انھوں نے اپنی قانون کی دونوں ڈگریوں کا بھرپور استعمال کرنے کی ٹھان رکھی ہے۔ سیلس ٹیکس ڈپارٹمنٹ کے نواح ہی میں اپنا دفتر قائم کرلیا ہے اور شہر کے بیوپاریوں کو سلیقے سے سیلس ٹیکس ادا کرنے کی ترکیبیں بتاتے رہتے ہیں۔ (سلیقے سے ادا کرنے کا مطلب یہ ہے کہ ٹیکس اندھادھند نہ ادا کیا جائے) انکم ٹیکس کے مقدمات میں بھی دخل دیتے ہیں اور روزانہ دفتر جانے سے پہلے شیو ضرور کرلیتے ہیں۔ کہتے ہیں کہ شیو کرنے سے موکلین تو موکلین دیگر متعلقین بھی متاثر ہوتے ہیں۔ صبح سورج نکلنے کے بعد یہ بھی سیر کرنے نکلتے ہیں۔ ایک دن میں نے ان کا پیچھا کیا تو بازار میں ایک خالص دودھ کی دوکان پر انھیں گرم دودھ پیتے ہوئے پایا۔ ان کی نظر مجھ پر پڑی تو تھوڑا سا جھینپے اور اخلاقاً پوچھا آپ دودھ پئیں گے؟ جب میں نے انکار کیا تو بہت خوش ہوئے اور جھینپنا بند کیا۔ ایک دن ان کے ساتھ ایک خوشگوار واقعہ یہ پیش آیا کہ یہ جس گلی سے بازار جاتے اور گھر واپس آتے ہیں اس گلی میں لوگوں نے بطخیں بھی پال رکھی تھیں۔ ایک بطخ جو کافی دنوں سے ان کی نگرانی کررہی تھی پتہ نہیں کیوں ان سے ناراض ہوگئی اور اسی عالم برگشتگی میں اس نے ان کے پاؤں پر اس قوت سے ٹھونگ ماردی کہ اس کی ٹھونگ ان کے پتلون کے پائچے میں شگاف پیدا کرکے ان کی پنڈلی کو لہولہان کرگئی۔ (اس گلی کی بطخیں بھی کتنی تندرست و توانا ہیں) وہ تو اچھا ہوا کہ انکے گھر میں ایک ہمہ وقت ڈاکٹر بشکل بہو موجود ہے۔ ان کی پنڈلی کی فی الفور مرمت ہوگئی۔ سلطان علی خاں کو بخوبی اندازہ ہوگیا کہ دودھ پینے کا شوق کتنا مہنگا پڑتا ہے اور اسمیں بھی ایک ایک قطرے کا حساب دینا پڑتا ہے۔ غالب کے اشعار معمولی اشعار نہیں ہوتے۔ سب کے سب الہامی اشعار ہیں یہ اور بات ہے کہ بھگتنا دوسروں کو پڑتا ہے۔

ستیو مادھوراؤ پگڑی

کسی بھی ماہر لسانیات کی جگہ خالی ہو تو اس کا پر ہونا اس لئے مشکل ہو گیا ہے کہ اب خود زبانیں لوگوں کی عدم دلچسپی کی وجہ سے معرض خطر میں ہیں۔ ستیو مادھوراؤ پگڑی جن کا انتقال ۸۴ رسال کی عمر میں ۱۴ راکتوبر ۱۹۹۴ء کو بمبئی میں ہوا اسی مرتبے اور درجے کے عالم، مترجم، ادب نواز، سخن فہم اور ماہر لسانیات تھے۔ انہوں نے صوتیات ساختیات یا لسانیات کی کوئی سند حاصل نہیں کی تھی۔ لیکن ان کے آگے لوگ زبان کھولنے سے احتراز کرتے تھے۔ مراٹھی ان کی مادری زبان تھی اور ان کی تعلیم اور سرکاری زندگی پر اردو حاوی رہی۔ سابق ریاست حیدر آباد کی سرکاری زبان چونکہ اردو تھی اس لئے اردو جاننے والوں کی تعداد تو آبادی کے برابر تھی لیکن اردو سے محبت بلکہ عشق کرنے والے لوگ بھی تعداد میں کچھ کم نہیں تھے۔ ستیو مادھوراؤ پگڑی نے میرے خیال میں مراٹھی سے اتنی محبت یا شدید محبت نہیں کی جتنی اردو سے کی۔ سابق ریاست حیدر آباد میں ان کی سرکاری زندگی کا آغاز

تحصیلدار کی حیثیت سے ہوا اور جب ۱۹۵۶ء میں ریاستوں کی تشکیل جدید عمل میں آئی تو اس وقت وہ سکریٹری کے عہدہ جلیلہ پر فائز تھے اور اسی حیثیت سے ریاست مہاراشٹر کے لئے نامزد کئے گئے۔ حیدر آباد سے ان کی محبت جس کی جڑیں گہرائی تک تھیں، برقرار رہی۔ لیکن وہ یہیں کے ہو کر رہ گئے اور آخری سانس تک بمبئی میں رہے۔ حیدر آباد میں وہ محکمہ تعلیمات، محکمہ مال گذاری اور وزیر داخلہ کے معتمد کی حیثیت سے بر سر کار تھے۔ مجھے یہاں ان کی سرکاری حیثیت اور رتبے کا ذکر نہیں کرنا ہے میں تو ان کی اردو سے والہانہ محبت کا ذکر کرنا چاہتا ہوں لیکن مجھے معلوم ہے میں اس معاملے میں انصاف نہیں کرسکوں گا۔ وہ غیر معمولی حد تک وسیع المطالعہ تھے اور گو کہ آخر عمر میں ان کی بینائی نے ان کا ساتھ چھوڑ دیا تھا مگر اس میں بھی ان کا سمعی مطالعہ اور مضمون نگاری کا سلسلہ جاری تھا۔ وہ اپنے مضامین املا کرواتے تھے۔ میں ان سے زیادہ قریب نہیں رہ سکا لیکن یہ انکی شفقت، دیرینہ جان پہنچان اور پرانی تہذیب تھی جس نے عمر اور وقت کی بندشوں کو کبھی حائل نہیں ہونے دیا۔ مجھے یاد ہے کہ انہوں نے ایک مرتبہ میری ایک کتاب پر بھی تبصرہ کیا تھا اور مجھے مراٹھی قاریوں میں متعارف کروایا تھا۔

جب تک وہ ریاست حیدر آباد میں تھے جہاں بھی کلکٹر کی حیثیت سے دورے پر جاتے تو تاریخ اور ادب کے موضوع پر ان کی تقریر سننے کے لئے خاص جلسے منعقد کئے جاتے۔ وہ گھنٹوں بے تکان بولنے اور سامعین کو مسحور کرنے کے ماہرین میں سے تھے۔ حافظہ ان کا زبردست تھا اور اشعار ہوں یا سنین ان کی نوک زبان پر رہتے تھے۔ داراشکوہ ان کی پسندیدہ شخصیت تھے۔ داراشکوہ کے علم و فضل کی وہ ہمیشہ تعریف کرتے اور کہتے کہ داراشکوہ کی حکمرانی یقیناً بہتر ہوتی۔ یہ کہنا مشکل ہے کہ انہیں تاریخ سے زیادہ لگاؤ تھا یا ادب سے۔ عہد وسطی کی تاریخ اور مراٹھا تاریخ دونوں انہیں حفظ تھیں اور اس موضوع پر کوئی دوسرا ان کا ہمسر نہیں تھا۔ انگریزی اور مراٹھی دونوں زبانوں میں اس موضوع پر ان کی تصانیف کو حرف آخر کا درجہ حاصل ہے۔ حیرت ہوتی ہے کہ تخلیق ترجمہ اور تحقیق تینوں میدان ان کے زیر نگیں تھے۔ اور انگریزی، مراٹھی، اردو فارسی اور بنگہ زبانوں پر انہیں عبور حاصل تھا۔ تحقیق کے معاملے میں وہ جاں فشانی کی حد تک پہنچ جاتے تھے اور قدیم سے قدیم تر ماخذ اور مخطوطات

سے استفادہ کرتے تھے۔ فارسی مخطوطات کا انگریزی ترجمہ پگڑی صاحب کے علاوہ شاید ہی کسی اور نے کیا ہو۔ 'دکن اٹھارویں صدی میں' ان کی انگریزی تصنیف نہایت اہم اور یادگار کتاب ہے۔ ان کے تحقیقی کاموں کی اہمیت کا اندازہ صرف وہی لوگ کر سکتے ہیں جنھوں نے تحقیق کو عبادت کا درجہ دیا ہے۔ ستیو مادھوراؤ پگڑی تحقیق کے معاملے میں لگن اور دیانت داری کو وہی اہمیت دیتے تھے جو آرمی اور نیوی میں ڈسپلن کو دی جاتی ہے۔ علم و فضل کی جس سیڑھی پر وہ تھے انکی جگہ کوئی اور ہوتا تو وہ دوسروں کو ہرگز ہرگز کوئی اہمیت نہ دیتا۔ ستیو مادھوراؤ کی منکسر المزاجی اور ان کے مشفقانہ سلوک نے ان لوگوں کو بھی یہ حوصلہ دیا کہ وہ ان کے ہم نشیں ہونے کا اعزاز حاصل کریں جو ان سے عمر اور علم میں بہت پیچھے تھے۔ جہاں تک ''زبان دانی'' کا تعلق ہے وہ اس قماش کے آدمی نہیں تھے کہ زبان بگاڑنے کو زبان جاننے کا نام دیتے۔ ہندی، کنڑی اور تیلگو زبانوں سے بھی انہیں شغف تھا لیکن اردو زبان کو اولیت حاصل تھی۔ وہ نہایت ہی شستہ زبان میں تقریر کرتے تھے اور بہت ہی روانی کے ساتھ، انہیں اپنے اظہار خیال کے لئے لفظ کی تلاش نہیں کرنی پڑتی تھی۔ ان کا ہر فقرہ، صحیح زبان میں ڈھل کر زبان پر آتا۔ وہ سیاسی موضوعات پر نہیں بولتے تھے۔ کیونکہ اس میں بولنے کے لئے کچھ ہوتا نہیں ہے لیکن غالب اور اقبال، پر بولتے تو ان موضوعات کے ماہرین بھی انہیں توجہ سے سنتے۔ غالب کی غزلوں اور بانگ درا کے مراٹھی ترجمہ نے انہیں ماہر غالبیات بنادیا اور ماہر اقبالیات بھی اور ان ترجموں کا نہ تو غالب صدی سے کوئی تعلق ہے نہ اقبال صدی سے۔ یہ ان کا علمی مشغلہ تھا۔ وقتی یا نمائشی نہیں۔ ستیو مادھوراؤ پگڑی وہ تنہا مترجم ہیں جنھوں نے اردو ادب کے سو سے زیادہ مشاہد کی تخلیقات کو تفصیلی تعارف کے ساتھ مراٹھی میں منتقل کیا اور انہیں اس بات کا بھی احساس تھا کہ اہل اردو نے مراٹھی ادب کا اتنا ترجمہ نہیں کیا۔ یہ شکایت نہیں تھی لیکن ان کی دلی خواہش تھی مراٹھی ادب کے شہ پارے بھی اردو میں منتقل ہونے چاہئیں اور ہو سکتا ہے کہ ذولسانی رابطے سے وہ بعد میں مطمئن ہو گئے ہوں۔

ستیو مادھوراؤ مہاراشٹر اردو اکادمی کے اولین اراکین میں سے ایک تھے اور ان کی شمولیت اردو اکادمی کے وقار کا باعث تھی۔ مہاراشٹر کے سابق وزیر اعلیٰ شنکر راؤ چوہان نے انہیں خاص طور پر بحیثیت رکن نامزد کیا تھا۔ سب لوگ جانتے ہیں کہ خود شنکر راؤ چوہان کا

ذریعہ تعلیم اردو رہا ہے اور جامعہ عثمانیہ سے موصوف نے قانون کی ڈگری حاصل کی تھی اس لحاظ سے ستیو مادھو راؤ پگڑی اور شنکر راؤ چوہان ''ہم زبان'' رہے ہیں۔ہم زمین تو تھے ہی۔ غالب نے ایسے ہی لوگوں کو ہم سخن بھی کہا ہے۔اب اردو جاننے والے اردو کو صرف بول چال کی زبان کے طور پر جانتے ہیں اس لئے اس خلا کا پر ہونا مشکل ہی نہیں ناممکن ہے جو ستیو مادھو راؤ پگڑی کے انتقال سے پیدا ہوا ہے۔ جب تک وہ ریاست حیدر آباد میں تھے اردو ماحول میں تھے لیکن یہاں بمبئی آنے کے بعد ان کی دلاویز شخصیت نے اردو ماحول کو زندہ رکھا اور چونکہ وہ خود بھی اسی آب وہوا کے عادی تھے اس لئے سرکاری ملازمت سے سبکدوش ہونے کے بعد بھی دو دہائیوں تک اس کی فضا میں سانس لیتے رہے،ہم انجمن سمجھتے ہیں خلوت ہی کیوں نہ ہو، کا انہیں یارا تھا اور اردو زبان اردو ادب سے ان کا یارانہ تھا۔اس رشتہ محبت کو انہوں نے آخر تک نبھایا۔ یہ استواری،ان کے مزاج میں رچی بسی تھی۔مزاج ہی نہیں ان کا رہن سہن بھی قلندرانہ تھا۔فقیر منش آدمی تھے۔اپنے پیچھے دولت انہوں نے نہیں چھوڑی لیکن لاقیمت خزانہ چھوڑا ہے۔ان کی اپنی تالیفات اور تصانیف کے علاوہ ایک بیش بہا لائبریری جس میں یقیناً نادر کتابیں ہوں گی اور انکی اپنی خریدی ہوئی۔ میں انہیں کتابوں کی حد تک حیدر آباد کے سالار جنگ سے تشبیہ دینا چاہوں گا۔ سالار جنگ کے میوزیم میں ایک ایک چیز خود ان کی خریدی ہوئی تھی اسی طرح ستیو مادھو راؤ کی لائبریری ان کی اور صرف ان کی لائبریری ہونی چاہئے۔اور انکی ساری کتابوں کا ایک ایک حرف ان کی ''دیدہ ریزی'' کا گواہ ہے۔

ایسا کہاں سے لائیں کہ تجھ سا کہیں جسے۔

ایک جرعہ صہبا

راہ و رسم کیلئے ملاقاتیں ضروری نہیں ہوتیں بلکہ ملاقاتوں سے تو راہ و رسم میں خلل واقع ہوتا ہے۔ صہبا صاحب سے میری اسی طرح کی راہ و رسم تھی۔ دن اچھے گذر رہے تھے کہ اچانک ۱۹۸۹ء میں کراچی میں ان سے ملاقات ہوگئی بس یہی برا ہوا۔ سرسری راہ و رسم محبت میں تبدیل ہوگئی۔ خط و کتابت ان سے پہلے سے تھی اور اب بھی ہے لیکن افکار کے نمبروں کی طرح سال میں ایک یا دو خط معاشقے کیلئے کافی ہوتے ہیں۔ اب ۱۹۹۱ء میں پھر ان سے معانقہ ہوا۔ مقام حادثہ ممبئی لکھنؤ میں کہ اب بھی لوگ ایک دوسرے سے ملنے جلنے اور پرانی آشنائیوں کی تجدید میں مبتلا ہیں۔ جون کے مہینے میں ایک مجاز سیمینار منعقد ہوا (جون کا مہینہ صرف گرمیوں کیلئے نہیں سرگرمیوں کیلئے بھی موزوں مانا گیا ہے) صہبا لکھنوی اسی سیمینار میں مدعو تھے۔ ادھر سے فارغ ہوئے تو بھوپال چلے گئے۔ ان کے متعلق کہاوت یہ مشہور ہے کہ یہ بھوپال ہی میں پیدا ہوئے تھے لیکن یہ بھوپالی نہیں ہیں۔ لکھنوی ہیں اس لئے

کہ لکھنؤ میں نہیں پیدا ہوئے تھے۔ بھوپال ان کا وطن ثانی ہے وطن پر نظر ثانی کرنے گئے تھے۔ کتابت کی کئی غلطیاں پکڑیں۔ شہروں کی پروف ریڈنگ نہیں کرنی چاہئے۔ اب تو خط ریحان و خط نستعلیق ہی نہیں رسم الخط تک تکلیف میں ہے۔ پرانے لوگوں کی یہی مشکل ہے چاہتے ہیں ہر پرانی چیز جوں کی توں برقرار رہے۔ گویا کہ خود وہ ابھی تک وہی ہیں جو پہلے تھے۔ ۱۹۹۱ء میں ان سے ملاقات پر پرانا زخم جو مندمل ہو رہا تھا پھر ہرا ہو گیا۔ نسبت آ گئی پتہ نہیں یہ جیٹھ کا مہینہ تھا یا دیور کا مجھے تو بہر حال پھاگن لگا۔ صہبا لکھنوی اتنے ہی دبلے اور مہین نظر آئے جتنے کراچی میں پائے گئے تھے۔ کوشش تو انہوں نے مزید دبلے ہونے کی ضرور کی ہوگی مگر اس کی گنجائش کہاں تھی۔ افکار نے انہیں اس حال پر پہنچایا ہوگا۔ افکار کا انہوں نے ابھی ابھی ایک فاؤنڈیشن بنایا ہے۔ یہ انگریزی زبان بھی خوب ہے۔ عروج پر پہنچنے پر فاؤنڈیشن۔ ہم غریب اردو والے پہلے بنیاد رکھتے ہیں اور بعض وقت تو بنیاد ہی پر رک جاتے ہیں۔ صہبا لکھنوی نے اپنے عہد شباب بلکہ عنفوان شباب میں افکار کی ولدیت کا اعلان کیا تھا۔ افکار نے پہلی مرتبہ ۱۹۴۵ میں سورج کی روشنی دیکھی۔ اس زمانے میں یوں بھی بھوپال میں روشنی بہت تھی۔ افکار کو گودوں گود لیا گیا۔ بھوپال کی شہرت میں جتنا دخل شاعر مشرق اقبال کو ہے اتنا ہی دخل صہبا لکھنوی کے افکار کو بھی ہے۔

صہبا لکھنوی کی ابتدائی تعلیم بھوپال میں نہیں ہوئی۔ لکھنؤ میں ہوئی چونکہ یہ پیدا ہوتے ہی لکھنؤ چلے گئے تھے۔ وہیں یہ سید شرافت علی سے صہبا لکھنوی بنے۔ ان کی خوبی یہ ہے کہ سید شرافت علی کی حیثیت سے یہ گمنام ہیں لیکن صہبا لکھنوی کے طور پر بہت مشہور۔ تاریخ میں ایسا ہوا کرتا ہے یہ جھانسی کی رانی کا نام کتنے لوگوں کو معلوم ہے۔ صحافت کے میدان میں یہ لڑے بھی رانی جھانسی کی طرح (بھوپال اور جھانسی میں فاصلہ ہی کتنا ہے) ویسے صہبا کا ان سے کوئی تعلق نہیں۔ یہ اس نام سے کہیں اور فائدہ اٹھائیں گے۔ ممکن ہے انہیں کوئی اچھا ساقی نہ ملا ہو۔ اقبال نے مشرق اور مغرب کا فرق یہ بتایا تھا۔ یہاں ساقی نہیں پیدا وہاں بے ذوق ہے صہبا۔ انہوں نے اپنا اصلی نام ترک کیا لیکن شرافت ان سے چھوٹی نہیں۔ یہ اور بات ہے کہ یہ کسی بھی خادم ادب کو سودا کے ''خدام ادب'' ٹولی کا ایک نفر سمجھتے ہیں۔ یہ ساری غلط فہمی سودا کی پھیلائی ہوئی ہے۔ یہ مصرعہ انہیں نہیں کہنا چاہئے تھا۔

صہبا لکھنوی جب تک بھوپال میں رہے بھوپال میں ان کی رہائش کی وجہ شاید یہ رہی ہوگی کہ اہل لکھنؤ نے ان کے بھوپال میں ہونے کی بات کا برا مانا ہوگا۔ حالانکہ اس میں ان کا کوئی قصور نہیں۔ لیکن دنیا میں یہ ہوتا چلا آیا ہے کہ (کرتا کوئی ہے پکڑا کوئی اور جاتا ہے) پیشۂ تدریس سے کہ اس زمانے میں معزز پیشہ تھا جڑے رہے۔ لیکن ۹ سال تجربے نے انہیں بتادیا کہ بھوپال کے طالب علموں کو پڑھانا آسان کام نہیں ہے۔ یہ اتنے دل برداشت ہوئے کہ انہوں نے قلم برداشتہ استعفیٰ لکھ ڈالا اور اتنے بددل ہوئے کہ بھوپال تو چھوڑا ہی چھوڑا، ہندوستان کو بھی خیرباد کہہ دیا۔ وہ جو کسی شاعر نے کہا ہے ؎

توڑ بیٹھے جب کہ ہم بھوپال کے جام و سبو آسماں سے بادۂ گلفام گر برسا کرے

(پہلے مصرع میں تحریف ہے، کہنے کی ضرورت نہیں) ہم نے سنا ہے مجنوں سے بھی کسی نے یہی کہا تھا کہ شہر چھوڑا ہے تو صحرا بھی چھوڑ دے۔ صہبا لکھنوی نے یہاں بہت کچھ چھوڑا ہوگا لیکن 'افکار' کو نہیں چھوڑا۔ کراچی پہنچے، کچھ دم لیا، کچھ دم کیا اور ۱۹۵۰ء سے ان کا 'افکار' بھوپال 'افکار' کراچی ہوگیا اور کراچی تو جیسا کہ جغرافیہ کی کتابوں میں بتایا گیا ہے۔ ایک بندرگاہ ہے۔ افکار بھی تیرنے اور پرواز کرنے لگا۔ وہ تو اچھا ہے کہ محکمہ ڈاک ادبی رسائل کے معیار و متن کے حساب سے ڈاک خرچ وصول نہیں کرتا ورنہ افکار کی چھٹی ہو جاتی۔ اب بھی محکمہ ڈاک کو 'افکار' سے اچھی خاصی آمدنی ہو جاتی ہے۔ اردو کے رسائل کی یہ روایت رہی ہے کہ ان کا جاری ہونا اور بند ہونا تقریباً جڑواں کام ہے یہ بند نہیں ہوتے ہیں ان کا معیار ایسا ہو جاتا ہے کہ قاری چاہنے لگتے ہیں کہ یہ بند ہو جائے۔ صہبا لکھنوی کے پاس کوئی جادوئی بلب ہے جس کا تعلق کراچی کے پاور ہاؤس سے نہیں خود ان کے دل کے پاور ہاؤس سے ہے ان کے خزانہ قلبی سے تعلق رکھنے والے اس بلب کو کسی سوئچ کی ضرورت نہیں۔ اس میں جو آن ہے اسی نے افکار کو روشن ستارہ بنا دیا ہے۔ صہبا لکھنوی اسی ایک تارے کو گنتے اور اسے صد ہزار انجم میں تبدیل کرتے رہتے ہیں۔ (آپ سمجھ گئے ہوں گے کہ اشارہ افکار شہرۂ آفاق اور مانند اشفاق نمبروں کی طرف ہے۔ ویسے یہ نمبر چندے آفتاب اور چندے ماہتاب ہیں انجم تو میں نے انہیں اس لئے کہا ہے کہ یہ تعداد میں بہت ہیں)

صہبا لکھنوی کو ادب و صحافت کا ذوق اور نحیف و کمزور رہنے کا شوق ہے۔ معلوم

نہیں پیچھے بھاگنے کی کب کی عادت ہے۔ اسی عادت کی وجہ سے اب بیماری کے پیچھے بھاگتے ہیں۔ اپنی عمر بھی بڑھاتے گھٹاتے رہتے ہیں۔ اس میں ان کا دل بہت لگتا ہے۔ ایک دن مجھ سے بولے میں تم سے سینئر ہوں۔ میں نے پوچھا اس کا خمیازہ کیا ہے؟ پھر انہیں خیال آیا کہ سینئر بننا ٹھیک نہیں ہے فوراً ہی اپنی خطابت کی غلطی کا عصمت نامہ نتھی کر دیا اور کہا کہ ان کی سرکاری تاریخ پیدائش ۱۹۱۹ء ہے لیکن یہ ہیں ۱۹۲۳ء کے (چشم زدن میں ۴ سال چھوٹے ہو گئے) میں نے عرض کیا مجھے آپ کی دونوں تواریخ پیدائش منظور ہیں بہر حال یہ ان کا کرم ہے کہ انہوں نے بدورانِ قیام شہر ممبئی مجھے اپنا خورد سمجھا لیکن سلوک دوستانہ کیا۔ (تصدیق ہو گئی کہ واقعی لکھنوی ہیں)

شکر کے رسیا ہیں۔ چائے کی پیالی میں اتنی شکر ڈالتے ہیں کہ پیالی چھلک جاتی ہے۔ چمچے سے پہلے چکھ لیتے ہیں کہ میٹھی ہوئی یا نہیں۔ میٹھی معلوم ہوئی تو اسے مزید میٹھی کرنے کیلئے دو چمچے شکر اور ملاتے ہیں۔ چائے کو خوب ٹھنڈا کرتے ہیں اور اس کے بعد اسے منہ لگاتے ہیں۔ محفل میں دوسرے چائے پی چکتے ہیں تو یہ شروع کرتے ہیں یہ انتہائی چائے ہوتی ہے۔

ان میں یہ بات بہت اچھی ہے کہ پریشان بھی ہوتے ہیں تو امداد باہمی کے اصولوں کا پورا پورا خیال رکھتے ہیں۔ تنہا پریشان ہونا انہیں اچھا نہیں معلوم ہوتا۔ خوش ہوتے ہیں تو خوش ہوتے ہیں۔ خرم کسی اور کو ہونے دیتے ہیں۔ ممبئی میں علی جواد زیدی سے مل کر بہت خوش ہوئے۔ میں بیٹھا ٹکر ٹکر دیکھتا رہا ایسا معلوم ہوا دونوں چار باغ لکھنؤ میں ہیں اور یہ طے نہیں کر پا رہے ہیں کہ امین آباد چوک جائیں یا نخاس۔ اس دن ان کی خوشی کا یہ عالم تھا کہ اس پر دو عالم کا شبہ ہو رہا تھا۔ بتا رہے تھے کہ بھوپال میں بھی وہ بہت خوش رہے۔ جہاں قدر چغتائی کا ذکر کرتے اور خوش ہوتے، تھوڑی دیر بعد عبدالقوی دسنوی کا ذکر کرتے اور خوش ہو لیتے۔ پھر فوراً انہیں خیال آتا کہ بہت دیر خوش ہو لئے اب پریشان ہونا چاہئے۔ چینل بدل دیتے یوں انکی عنایتیں بہت ہیں انکا تخلص نظر آتا ہے، کلام کہیں نظر نہیں آتا ہے۔

صہبا لکھنوی صرف مدیر نہیں، مصنف بھی ہیں۔ اقبال اور بھوپال سے متعلق ان کی کتاب کے اب تک ۴ ایڈیشن شائع ہو چکے ہیں۔ یہ کتاب فلک چہارم تک تو پہنچ ہی گئی۔

شاید اس کی معراج بھی ہو جائے۔ افکار کے نمبر انہوں نے اتنے شائع کئے ہیں کہ ان کی زد سے شاید ہی کوئی ادیب اور شاعر بچا ہو۔ مجاز نمبر شائع کیا تو کم پڑ گیا۔ اس کا دوسرا ایڈیشن شائع کرنا پڑا۔ جوش نمبر شائع کیا تو کراچی یونیورسٹی نے اسے بی اے (آنرز) اور ایم اے کے نصاب میں شامل کر لیا۔ صہبا صاحب سے میں یہ کہنا بھول گیا کہ اب کسی کتاب یا کسی نمبر کے دوسرے ایڈیشن کی نوبت اسلئے نہیں آئے گی کہ جس کا جی چاہتا ہے اپنی ضرورت کی کتاب کے زیراکس نسخے تیار کروالیتا ہے۔ جتنا نقصان سنیما ہال والوں کو وی سی آر سے پہنچا ہے اتنا ہی نقصان ناشران کتب کو زیراکس کے وار سے پہنچا ہے۔ صہبا صاحب کو چاہئے کہ وہ اپنے ملک میں زیراکس اداروں پر پابندی لگوادیں تاکہ یہ ادارے صرف صداقت ناموں اور قانونی دستاویزات کی نقل کرنے کی حد سے آگے نہ بڑھیں۔

''افکار'' کی خوبی یہ ہے کہ اس میں ہندوستان بہت ہے۔ یہ اردو کا رسالہ ہے کراچی کا نہیں اور اس کی وجہ یہ ہے کہ صہبا صاحب آج بھی لکھنؤ میں اور اتنے ہی لکھنوی ہیں کہ شیروانی پہنتے ہیں اور زیادہ نستعلیق دکھائی دیتے ہیں۔ یہاں ایک وزن کرنے والی مشین پر کھڑے مشین کی سوئی نے جنبش تک نہیں کی۔ افکار کے دو نمبر ہاتھوں میں تھام کر وزن کرواتے تو مشین بھی داد دیتی۔ انہیں خدا حافظ کہنے کو جی تو نہیں چاہا لیکن راہ و رسم کو برقرار رکھنے کیلئے یہ ضروری تھا۔

مدیر ''بیباک'' ہارون بی اے

ہارون صرف ہارون ہی نہیں ان کا پورا نام ہارون بی اے ہے۔ یہ بی اے کا لاحقہ ان کے نام کے ساتھ ۱۹ویں صدی میں اس طرح جڑ گیا جیسے چند شہروں کو کسی بزرگ کی درگاہ کی وجہ سے شریف کہا جاتا ہے۔ جیسے اجمیر شریف، گلبرگہ شریف (یہ اور بات ہے کہ دتی میں بیسوں درگاہوں کی موجودگی کے باوجود دتی کا ذکر کرتے ہوئے کوئی بھی اس شہر کو دہلی شریف نہیں کہتا اور شاید اسی وجہ سے یہ ہماری راجدھانی ہے) ہارون بی اے کے نام کی داغ بیل اس وقت پڑی جب ہمارے یہاں ہمارے بزرگ رہنما اور ماہر تعلیم سید احمد خان، سرسید احمد خاں بنائے گئے۔ اتنے برس گزر گئے۔ بلکہ صدیوں کا ہیر پھیر ہو گیا لیکن سید احمد خان کو ساری دنیا میں سرسید ہی کے نام سے پہچانا اور جانا مانا جاتا ہے یہی صورتحال ضلعی بلکہ تحصیلی سطح پر ہارون بی اے کے معاملے میں رائج اور مقبول ہوئی۔ موصوف مالے گاؤں کے باشندے ہیں۔ اور جس طرح ہر شہر کی ایک ناک ہوتی ہے اپنے اختیاری وطن

شہر مالیگاؤں کی ناک ہیں (اور عجیب اتفاق ہے کہ یہ ناک ہر سال اونچی ہی ہوتی جاتی ہے اس کی وجہ آگے بیان ہوگی) یہ ہیں اصل میں الہٰ آباد کے نکالے ہوئے، نکلے ہوئے کہنے میں بھی کوئی حرج نہیں۔ انہوں نے عالم وجود میں ہنستے کھیلتے آنے سے پہلے یہ سوچا کہ اب الہٰ آباد میں پیدا ہونے میں کوئی مزا نہیں کیونکہ دوسرے صوبوں سے یہاں آکر بسنے والے لوگ بھی الہٰ آباد کے نہ ہوتے ہوئے بھی الہٰ آبادی کہلائے جانے لگے۔ مثلاً اکبر الہٰ آبادی، جو قطعی الہٰ آباد کے نہیں تھے۔ شخصی طور پر سید ابو حسین عظیم آبادی کا الہٰ آبادی کی حیثیت سے مشہور ہونے کو الہٰ آباد کی شہرت کا سنگ بنیاد سمجھتا ہوں ورنہ ان کے الہٰ آباد میں وارد ہونے سے پہلے الہٰ آباد کی شہرت صرف وہاں کے امرودوں کی وجہ سے تھی۔ یہ بھی کوئی باعث شہرت بات ہوئی۔ بہر حال ہارون بی اے نے اپنی پیدائش کی تقریب مالیگاؤں میں منعقد کی۔ اور اس کیلئے سنہ کا گیارہواں مہینہ منتخب کیا۔ میرے اس طرز بیان سے یہ نہ سمجھا جائے کہ وہ گیارہویں مہینے میں پیدا ہوئے۔ ہارون بی اے اور تاخیر ممکن ہی نہیں) میرا مطلب یہ ہے کہ وہ نومبر کی ١٦ تاریخ کو پیدا ہوئے اور اس وقت عیسوی سنہ ٣١ چل رہا تھا۔ اور قریب الختم تھا۔ (اس لحاظ سے اللہ کے فضل سے انہوں نے اس شہر میں جس کی وہ ناک ہیں اپنی عمر کی سات دہائیاں بحسن وخوبی اور شادمانی وکامرانی سے پوری کرلیں) ان کی پیدائش کا واقعہ گو کہ کہنہ ہوگیا ہے۔ لیکن ہارون بی اے ماشااللہ آج بھی بی اے کے طالب علم معلوم ہوتے ہیں۔ زندگی گذارنے کا ایک سلیقہ ہوتا ہے۔ پتہ نہیں یہ سلیقہ انہوں نے کیسے سیکھ لیا۔ ہارون بی اے نے حالانکہ بی اے ہونے کے بعد ایک اور مستزاد ڈگری حاصل کی جس کا سرکاری لقب بی ایڈ ہے۔ (لفظ ایڈ ان دنوں صرف ایجوکیشن کو مخفف کرنے کے نام کی خاطر استعمال کیا جاتا ہے اب یہ انگریزی میں املے اور تلفظ کی غلطی کی وجہ سے امداد اور ایک نہایت غلط قسم کے مرض کے نام کیلئے استعمال کیا جاتا ہے۔ اللہ بچائے، اللہ بچائے مرض کیلئے ہے بی ایڈ کیلئے نہیں) بی ایڈ کرنے کی پاداش میں انہیں اپنے مزاج کے برخلاف معلمی بھی کرنی پڑی لیکن کہا جاتا ہے کہ ہارون بی اے بی ایڈ نے معلمی بھی بڑی خوش اسلوبی، دلجمعی اور لگن سے کی (واللہ اعلم بالصواب)

افواہ تو یہ بھی گرم تھی کہ ہارون بی اے نے بی ایڈ پہلے کیا اور بی اے بعد میں۔

کہیں ایسا بھی ہوا ہے افواہیں تو پھیلتی ہی رہتی ہیں۔ ان کے بی اے ہونے کا سنہ عیسوی کہا جاتا ہے ۱۹۵۴ء ہے۔ بی اے کرنے کے بعد ان کی سمجھ میں نہیں آیا کہ اب کیا کریں۔ ایک سال تو اسی سوچ میں غرق یعنی مستغرق رہے اور ایک سال کے بعد انہیں کسی نے سمجھایا کہ بی اے ہونے کے بعد شادی کر لینا مفید ہوتا ہے۔ یہ مشورہ انہیں پسند آیا اور ہارون بی اے نے مزید کچھ وقت ضائع کئے۔ ۱۹۵۵ء میں شادی شدہ ہو گئے اور یہ مرحلہ اس لحاظ سے مفید اور سودمند ثابت ہوا کہ ان کے بچوں نے عمدہ تعلیم وقت پر حاصل کر لی۔ اور عمدہ کاروبار اور عمدہ عملی زندگی بھی مناسب وقت پر شروع کر دی۔ غنیمت ہے کہ ان کی شادی کے سلسلے میں یہ افواہ مشہور نہیں ہوئی کہ ان کی منگنی کی رسم شادی کی تقریب کے بعد انجام پذیر ہوئی۔ (یہ معاملہ بھی بی اے اور بی ایڈ کی طرح کا ہے)۔

ہارون بی اے بی ایڈ نے معلمی کا مشغلہ جلد ترک کر دیا۔ حالانکہ ان کے آگے (کھڑے رہ کر) زانوئے تلمذ تہہ کرنے والے شاگردوں کی رائے تھی کہ یہ اگر پڑھاتے رہتے تو سالانہ امتحانات کے نتائج کی شرح ہماری قسمتوں کی طرح اونچی ہوتی رہتیں۔ مشہور یہ ہے کہ ان کی زمانہ معلمی میں شاگردوں نے طرح طرح کے سوالات پوچھے۔ ایک دن تو ایک طالب علم نے استاد محترم سے یہ پوچھ لیا کہ سر یہ قوم جہاز کہاں کی ہے؟ سوال سن کر پوری کلاس حیران رہ گئی اور استاد محترم کی تو کچھ سمجھ میں نہیں آیا کہ یہ شاگرد رشید پوچھنا کیا چاہتا ہے۔ انہوں نے بہرحال اپنے طالب علم سے پوچھا کہ یہ قوم جہاز کی ترکیب تم نے پڑھی کہاں ہے شاگرد نے جواب میں علامہ اقبال کا شعر پڑھا'' آ گیا عین لڑائی میں اگر وقت نماز۔ قبلہ رو ہو کے زمیں بوس ہوئی قوم جہاز'' شعر سننے کے بعد کہا جاتا ہے ہارون بی اے بی ایڈ نے اپنا سر پیٹ لیا (جس زمانے میں انہوں نے معلمی کا پیشہ اختیار کیا تھا اس وقت طالب علموں کو کسی قسم کی سزا دینے کا خوشگوار سلسلہ حکماً بند کر دیا گیا تھا ورنہ ظاہر ہے ان کا ہاتھ اٹھ جاتا یا وہ کم سے کم اس طالب علم کی دو انگلیوں کے بیچ میں پینسل رکھکر خوب دباتے اتنا دباتے کہ قوم جہاز پڑھنے والا طالب علم بلبلا اٹھتا) بہرحال استاد محترم نے کافی حد تک ضبط و صبر سے کام لیا اور اسے سمجھا دیا کہ جہاز نہیں حجاز ہے اور قوم حجاز کے معنی بھی سمجھا دیئے۔ صرف یہی ایک سانحہ قابل ذکر نہیں ہے اس کے علاوہ ایک اور

المناک واردات ہوئی۔ اور وہ واردات جیسا کہ مشہور ہے یہ تھی کہ پہلی واردات کے چند دن بعد اسی طالب علم نے استاد محترم سے پوچھا کہ سر یہ نیم باز کون سا پرندہ ہے؟ ''سر'' پھر حیران ہو گئے اور جب حیرانی تھوڑی رفع ہوئی تو انہوں نے سوالی طالب علم سے پوچھا ''یہ نیم باز کا لفظ تم نے کہاں سے پڑھا'' طالب علم نے جواب دیا سر میر تقی میر کے دیوان میں اس پرندے کا نام ملا۔ جو ان کے اس شعر میں استعمال ہوا ہے۔ ''میر ان نیم باز آنکھوں میں۔ ساری مستی شراب کی سی ہے'' ہارون بی اے بی ایڈ اس دن اچھے موڈ میں تھے۔ گھر سے ڈٹ کر ناشتہ کر کے آئے تھے (شاید اس دن سری پائے کھائے تھے بہت خوش تھے) اس لئے انہوں نے کہا'' بیٹے یہ نیم باز پرندہ جو ہے ناں زیادہ اونچائی پر نہیں اڑ سکتا یا باز جتنا اونچا اڑتا ہے یہ اس کے مقابلے میں آدھی اونچائی تک جا سکتا ہے۔ اور اب بیٹھ جاؤ اور آئندہ میر تقی میر کلام پڑھنا تو دور رہا اسے چھونا تک نہیں'' سنا ہے طالب علم مذکور نے اس کے بعد نہ صرف یہ کہ میر کو پڑھنا چھوڑ دیا بلکہ موقع پا کر کالج میں آنا جانا چھوڑ دیا۔ خود استاد محترم کا جی بھی اب معلمی میں زیادہ لگا نہیں بلکہ اچاٹ ہو گیا اور انہوں نے یہ سلسلہ ترک کر دیا اور اپنے بچوں کی تعلیم پر توجہ دینے لگے۔ بچوں نے ان سے اس قسم کے سوالات بھی نہیں کئے۔ توجہ کے ساتھ ساتھ پڑھتے رہے اور سب کے سب کہا جاتا ہے پڑھ لکھ کر نواب ہوئے۔ ان میں سے ان کے ایک بیٹے کی شادی کی تقریب میں تو میں بھی شریک ہوا تھا۔ نوشاہ اور والد دونوں بے حد خوش تھے حالانکہ شادی صرف بیٹے کی تھی۔ ہارون بی اے بی ایڈ کے گھر میں دو ڈاکٹر بھی پیدا ہوئے۔ انہیں لیڈی ڈاکٹر کہنا چاہئے۔ صرف ڈاکٹر کہنے سے یہ شبہ ہوتا ہے کہ یہ کہیں پی ایچ ڈی تو نہیں ہو گئیں۔ اپنی محنت سے اصلی ڈاکٹر ہوئیں کسی دوسرے سے مقالے لکھوانے کی تہمت ان پر عائد نہیں ہوئی۔

ہارون بی اے اپنے شہر مالیگاؤں کی مذہبی، سیاسی، سماجی، ادبی، تہذیبی اور شرعی تقریبات میں ہمیشہ موجود رہتے ہیں اور لوگ حیرت کرتے ہیں کہ ہمارے شہر میں کیا ایسی تقریب منعقد ہی نہیں ہو سکتی جس میں ہارون بی اے موجود نہ ہوں۔ یہ کسی مریض کی عیادت کا موقع بھی ہاتھ سے جانے نہیں دیتے اور انتظار کرتے رہتے ہیں کہ دیکھیں اس عیادت کا نتیجہ کہاں برآمد ہوتا ہے۔ جہاں بھی جاتے ہیں ٹوپی پہن کر جاتے ہیں اور ہر جلسے

میں ایک نئی وضع کی ٹوپی ان کے سر پر ہوتی ہے ان کی ایک خوبی یہ ہے کہ شعر نہیں کہتے لیکن مشاعرے ضرور کرواتے ہیں، مشاعروں میں یا تو صدر ہوتے ہیں یا افتتاحی تقریر کرتے ہیں۔ مشاعرہ سنتے بھی ہیں یہ اور بات ہے کہ کسی بھی شاعر کو داد نہیں دیتے۔ داد دینے کیلئے ان کا ہاتھ اٹھتا ہی نہیں ہے زیادہ سے زیادہ شاعر کو نظر بھر کر دیکھ لیتے ہیں۔ (اس سے زیادہ کا مستحق وہ کسی شاعر کو نہیں سمجھتے، ویسے نیت کے اچھے ہیں)۔

ہارون صاحب ان کے نام کیساتھ مشکل یہ ہے کہ ہارون بی اے صاحب لکھا نہیں جا سکتا اور نہ ہارون بی اے، بہر حال جو کچھ بھی ہو، یہ صاحب مقرر ہیں، لیڈر ہیں، ماہر مطالعہ ہیں، تقریباً لائبریرین ہیں، جلسوں کے منتظم اعلیٰ ہیں لیکن اصل میں دیکھا جائے تو یہ پیدائشی صحافی ہیں۔ اس کا یہ مطلب نہیں ہے کہ انہوں نے پیدا ہوتے ہی صحافت شروع کر دی تھی بلکہ ۱۹۵۲ء میں جب یہ کام انہوں نے شروع کیا تو پہلی ہی ضرب میں ثابت کر دیا کہ وہ پیدائشی صحافی ہیں۔ ہفتہ وار 'بیباک' شروع کیا تو اس نے انہیں چھوڑا نہ انہوں نے اسے چھوڑا۔ وہ اس کمبل سے جو لپٹے تو لپٹے ہی رہے، اداریوں پہ اداریے لکھے، کبھی خوش ہوئے کبھی دل کی بھڑاس نکالی۔ لیکن احتیاط اور تہذیب کے دامن پر ہمیشہ اپنی گرفت مضبوط رکھی اور اسی گرفت کا نتیجہ ہے کہ ۲۰۰۱ء میں انہوں نے ڈھائی سو صفحے کا ایک سالنامہ شائع کر دیا۔ یہ سالنامہ نہیں اصل میں نصف صدی نامہ ہے۔ بیباک ہفتہ وار ۳۳ سال سے بلا ناغہ شائع ہو رہا ہے۔ پہلے اسکا قد چھوٹا تھا غالباً پہلے سال سے اسکے قد میں ایک بالشت کا تو اضافہ ہوا ہے (یہ ہارون بی اے ہی کی فگار انگلیوں کا پرنٹ ہے) ہارون بی اے نے اس سالنامے سے اپنے پیدائشی صحافی ہونے کا اصلی کرنسی والا ثبوت پیش کیا ہے۔ یہ میں لکھنا تو نہیں چاہتا لیکن وہ مزاجاً خاطر تواضع کے بھی آدمی ہیں۔ اور جو خاطر دوست احباب کی کرتے ہیں وہ اس خاطر سے مختلف ہے جو بیباک کے بڑے سائز کے صفحات پر کی جاتی ہے۔ جو صحافی اخبار کے ذریعے خاطر کرنے میں کوتاہی کرتا ہے۔ وہ اخبار ۳۴ سال جاری نہیں رہ سکتا۔

آخری بات - ہارون بی اے وضعدار آدمی ہیں۔ ایک بہت پرانے مکان میں رہتے ہیں۔ یہ ان کا ذاتی مکان ہے لیکن شکل وصورت سے آبائی معلوم ہوتا ہے۔ (مکان سے کرنا بھی کیا ہے اہمیت تو مکینوں کی ہوتی ہے) اہمیت اور قدر و قیمت بھی۔